동방의 빛 코리아

동방의 빛 코리아

이화숙 지음

나침반

새로 등장하는 태평양의 새 시대에 큰 관심을 가지고...

일찍이 아시아의 황금시대에

등불의 하나이던 KOREA여

그 등불 다시 한 번 켜지는 날에

그대 동방의 큰 빛이 되리

우리가 일제의 압박 하에 신음하던 1927년, 인도의 시성(時聖)이라고 전 세계가 우러러 보던 타골이 이 시를 적어서 동아일보에 보내면서, 한반도에 들려보지 못하고 떠나는 마음의 서운함을 전하였습니다.

나의 문하생 중 한 사람인 이화숙씨는 오래 전부터 타골의 이 시에 담겨진 큰 뜻에 감동하여 수 십 년의 세월을 보냈습니다. 그래서 그가 펴내는 첫 작품의 제목을 그렇게 정하였으리라고 나는 믿고 있습니다. 그리고 내가 지난30년 동안 책으로 또는 강연으로 줄 곳 주장해온 새로 등장하는 태평양의 새 시대에 큰 관심을 가지고 그 정신적 자세를 가다듬어 왔습니다.

그는 하나님의 존재와 하나님의 섭리 또는 계시를 받는 사람으로 그의 나날의 삶에는 남들이 이해하기도 어렵고 따르기도 힘드는 독특한 꿈을 간직하고 고민과 고통 속에서 이날까지 살아왔다고 해도 지나친 말은 아닙니다.

그는 일반 기독교인들이 날마다 외우기는 하지만 그 뜻을 분명하게 파악하지 못하고 있는 주기노문의 일설 "나라가 임하옵시고"라는 한마디를 소중하게 간직하고 그 '나라' 즉 '하나님의 나라' 신국(神國)은 한반도를 중심하여 전개될 것이라고 보고 "그 날이 오면 나는 무슨 일을 어떻게 해야 할 것인가" 날마다 고민하는 이 시대의 특이한 존재가 되었다고 감히 말 할 수 있습니다.

나는 역사학도의 한사람으로 "대서양의 시대는 끝나고 태평양의 시대가 왔다"고 단언한 바라클라우(Barraclough)교수 말을 믿으며 한반도의 사명과 책임이 엄청날 것임을 믿고 있습니다. 18대 대통령에 취임한 박근혜대통령이 오바마 대통령을 만나려고 워싱턴에 갔을 때 미국 의회의 상하원 합동회의 석상에서 연사로 단에 올라가 "한국의 휴전선에 있는 DMZ비무장지대를 세계평화를 위한 공원으로 가꾸겠다"고 선언했을 때 우리는 그날이 멀지않았음을 실감할 수 있었습니다.

한반도의 비무장, 비핵화는 전 세계가 관심을 가지는 과제입니다. 한국은 군대가 없는 영세중립국(永世中立國)이 될 것입니다. 한국에 주둔하는 군은 '평화유지군'밖에 없을 것입니다. 세계평화를 유지하는 사명만이 한반도의 사명이기 때문입니다. 군사적 최강대국인 미국과 중국의 군사적 충돌(그것은 세계의 멸망이 될 것인데) 그것을 미연에 방지하기 위해 한국은 존재합니다.

　꿈이 있는 작가 이화숙씨의 첫 작품을 상재하는 출판사에 경의를 표합니다.

　2015년
　연세대 명예교수
　김동길

우리가 갈 길을 지시하는 분이 계시기에...

"비록 무화과나무가 무성하지 못하며

포도나무에 열매가 없으며

감람나무에 소출이 없으며

밭에 먹을 것이 없으며

우리에 양이 없으며

외양간에 소가 없을지라도

나는 여호와로 말미암아 즐거워하며

나의 구원의 하나님으로 말미암아 기뻐하리로다"

– 하박국 3장 17절 말씀

저는 어린시절 우리 조국 대한민국이 밥한끼 먹기도 힘든 때를 살아 왔습니다.

국민들은 가난한 조국에서 벗어나기 위해 쉼 없이 달려온 결과 경제대국을 이루었습니다.

그럼에도 불구하고 모두가 생활하기가 어렵다고 합니다.

우리는 21세기 태평양시대의 주역으로써 아시아의 등불 대한민국으로 가는 길목에 서 있습니다.

우리나라는 6.25전쟁의 파괴 속에서 유럽의 귀족 못지 않는 경제 반열에 섰습니다.

황무지에서 샤론의 장미를 피운 민족입니다.

절망이라는 낭떨어지에서도 희망의 빛은 있습니다.

주님께서 뜻이 있는 곳에 반드시 길을 열어주기 때문입니다.

태평양시대 위원회 김동길 박사님께서 저에게 "너 책 한번 써 보아라" 하시는 말씀에 무식하면 용감하다고 순종하는 마음으로 시작했습니다.

이 책이 나오기까지 여러 모양으로 격려와 후원해 주신 김동길 박사님, 지구촌교회의 우명자 사모님, L.O.C.성경모임에서 공부할 수 있도록 기쁜 마음으로 장소를 제공해 주신 안진호 권사님, 동역자 이윤숙 자매, 사랑하는 조카 김민규, 나의 시누이자 친구인 글라라, 묵묵히 엄마하는 일에 늘 도와준 딸 부현이, 아빠 엄마 사이에서 종교 갈등 속에 상처를 받고 자란 가슴 아픈 아들 진석이에게 감사하며 사랑합니다.

베풀어주신 하나님의 은혜를 찬양하며, 하나님이 주시는 능력으로, 반드시 아시아 등불, 통일된 조국을 사랑스러운 후손들에게 물려주기 위해 최선을 다 하렵니다.

태평양시대 위원회
이화숙 간사

제1장

나를돌보시는 하나님

1. 잠 못 드는 밤

오늘도 잠을 자기는 틀린 것 같다. 머리에는 잠이 가득하고, 눈꺼풀은 무겁다 못해 아프기까지 하지만 너무나 시끄럽고 불안해서 잠을 잘 수가 없다. 그래도 자는 척은 하고 있었지만, 귀는 쫑긋해진 채 아버지가 하시는 말씀을 귓바퀴에 모아 쏙쏙 쓸어담고 있었다. 그럴 만도 한 것이 우리는 경상도 말로 '하꼬방'이라 하는 판자 집으로, 아버지, 어머니, 나와 동생 윤숙이 4명의 몸을 간신히 눕힐 수 있는 작은 단칸방에 살았다. 그 작은 방에 불은 환하게 켜져 있고, 아버지는 술에 취해 엄마에게 고함을 치고 계시니 아무리 듣지 않으려 해도 무슨 소리든 들릴 수밖에 없었다. 눈을 감고 있다가 너무 답답하면 간간히 실눈을 뜨고 어떤 상황인지 보기도 했는데, 매일 벌어지는 상황은 똑같았다. 이런 날이 몇 년이나 지속되자 이제는 아버지가 하시는 말씀을 순서대로 고스란히 외울 수도 있을 것 같았다.

"니 나한테 할 말 없나?"

참 밑도 끝도 없는 말이었는데, 시작은 항상 이랬다.

"…."

엄마는 아버지의 물음에 대답이 없었을 뿐 아니라 쳐다보지도 않으셨다. 그러면 아버지의 목소리는 한층 더 커지고 성난 기색이 고스란히 느껴졌다. 이쯤 되면 내 마음은 조마조마하고 불안해지기 시작한다.

"니 나한테 할 말이 없냐고! 한 마디만 하면 용서해준다카는데 왜 그 말을 못하나? 엉? 한 마디만 하라고. 한 마디만!"

"…."

엄마는 역시나 말씀이 없으셨다. 나는 애가 타기 시작했다. 도대체 아버지는 엄마에게 매일 밤 무슨 말을 하라고 저러시는 것일까, 엄마는 무슨 말인지 알고 계시면 제발 그 한 마디만 해주시지 도대체 왜 답해주지를 않으시는 것일까, 모르시면 몰라도 알고 계신다면 그 한 마디를 어서 빨리 해주시면 좋겠다고 생각했다. 그래야 우리 모두 잘 수 있을 테니까. 하지만 엄마는 아버지가 무섭도록 역정을 내셔도 단 한 번도 대답을 해주지 않으셨다. 물론 아버지도 쉽게 포기하지는 않으셨다.

"니가 사람이면 한 마디 말은 해야 하는 거 아니가. 그럼 내가 용서해준다 이카잖아!. 한 마디만 하라고, 그 한 마디가 그리 힘드나! 니 지금 내를 바보 만드는기가! 사람이 답답해 어디 살겠나!"

그토록 엄마의 한 마디를 채근하시고, 고함도 지르시고, 애원도 해보시며 기다리시던 아버지도 새벽녘이 되면 어느 순간 푹 쓰러져 주무시게 마련이고 그때가 되면 방에 고요가 찾아왔다. 그제야 엄마도 나도 그리고 윤숙이도 잠을 청할 수가 있다. 배고픔을 잊기 위해 빨리 잠들고 싶었지만 오늘도 역시 그러지 못했다. 조금 있으면 찾아올 아침은 보나마나 늦잠을 자서 학교에 지각을 하거나 결석을 할 터이었다. 잠이 들면서도 한숨이 나왔다. 오늘은 학교에서 배급으로 옥수수 가루가 나오는 날인데, 이러다 학교에 못가면 옥수수 가루도 못 받겠다 싶어 속상한 마음으로 잠이 들었다.

'아! 제발.'

학교에서 밀가루나 옥수수 가루가 배급으로 나오는 날은 학교에 꼭 가고 싶다고 기도했다. 그러려면 아버지가 술을 드시지 않고 오시거나, 엄마가 아버지에게 제발 그 한 마디만 해주시면 좋겠다 싶었다. 그것도 아니면 아주 작은 다락방이라도 좋으니, 방이 한 칸만 더 있어도 좋겠다는 기도도 해봤다. 그러면 얼마나 좋을까? 윤숙이를 데리고 우리 둘이 다락방에 가서 자면 잠도 너무 잘 올 것 같고 학교도 매일 갈 수 있을 텐데 싶었다.

윤숙이는 나보다 4살이나 어리기 때문에 자는 척을 못하고, 아버지가 너무 크게 소리 지르시면 자다가 놀라 벌떡 일어나 앉아 울어 버리기도 했다. 나도 가끔 울고 싶었지만 언니니까 꾹 참았다. 하지만 참 궁금했다. 아버지는 아시는 것도 많은데 엄마에게 무엇을 그렇게 물어보시는 것일까? 용서는 무슨 뜻일까? 엄마는 왜 한 마디도 대답을 해주지 않으시는 것일까? 엄마도 그 답을 모르시는 것일까? 그러면 왜 모른다고 대답해주지 않으실까? 아버지가 미우신 것일까? 정말 도무지 알 수가 없었다.

사실 정작 알 수 없는 것은 우리 아버지였다. 우리 아버지는 술과 어울리는 분이 아니셨다. 세상에서 가장 점잖고 좋은 분이 누구냐고 내게 묻는다면 일초의 망설임도 없이 우리 아버지라고 자신 있게 대답할 수 있었다. 그런 우리 아버지가 벌써 몇 년째 술을 드시면서 매일 밤 이러시는 이유가 너무 궁금했다. 그래도 물어보지는 않았다. 어른들의 말은 엿듣는 것이 아니라고 배웠다. 나는 절대로 엿들은 것은 아니고, 그냥 귀에 들어온 것을 들었지만 아버지가 야단치실까봐서 끝까지 단 한 번도 여쭙지 못했다. 아마 여쭤봤더라도 대답을 해주지는 않으셨을 테지만 말이다. 어쨌거나 이 물음에 대한 답을 얻는 것에 그렇게 오랜 시간이 걸릴 줄은 꿈에도 몰랐다. 그리고 죽을 만큼 충격적일 것이라는 것도 역시 몰랐었다.

2. 부산 정착기

내가 태어난 곳은 상주라고 들었다. 아버지는 상주에서 꽤 알아주는 부잣집 아들이었고, 어머니의 친정은 형편이 어려웠다고 한다. 아버지는 공부하는 것을 좋아하셨고, 일본에서 유학생활도 하셨다고 들었다. 아버지가 공부하시는 동안 집안 살림은 모두 엄마가 아닌 친할머니께서 주관하셨다고 한다. 부모님 두 분이 어떻게 만나셨는지는 알지 못하고, 결혼 후 곧 장남이자 나와 10살 터울인 오빠가 태어났다. 그 후 내 위로 두 명의 오빠가 태어났었지만, 무슨 이유에서였는지 내가 태어나기 전에 둘 다 죽었다고 한다. 그리고 딸인 내가 태어났고, 할머니가 돌아가시자 부모님은 유산을 받아서 내가 2살이 되던 해에 부산으로 이사를 왔다.

아버지는 정치를 비롯한 사회전반에 관심이 많으셨다.

내 머릿속에는 아버지께서 나라에 무슨 큰 사건이라도 있으면 잘 들리지도 않고 잡음만 들리는 라디오를 빌려오셔서, 귀에 대고는 밤을 지새우시며, 나라가 이래서는 안된다고 걱정하시던 모습이 남아 있다. 바른 길을 아는 분이셨고, 사회를 향해 바른 꿈을 펼치고 싶은 소망도 많은 분이셨다. 하지만 안타깝게도 세상 현실의 냉혹함이나 사람의 악함에 대해서는 무지하셔서 남을 의심할 줄 모르시는 분이기도 하셨다.

그런 아버지에게 밧데리 사업을 함께 해보자며 친척 한 분이 다가오셨다고 한다. 당시 밧데리 사업은 신소재로서 꽤 유망한 아이템이라는 생각이 들기도 했고, 세상을 향한 포부와 할 수 있을 것 같은 자신감이 충만했던 아버지는 깊은 고민 없이 그 친척과 동업할 결심을 하셨다. 그런 사람들이 으레 그렇듯이 아버지에게 참 잘

했고, 성실했으며, 능력 있어 보이는 분이셨다고 한다. 아버지는 유산으로 받은 돈을 몽땅 그 친척에게 믿고 맡겼는데, 그 친척은 어느 날 갑자기 온다간다 말도 없이 사라져버렸다. 망연자실해서 그를 찾아 헤매던 아버지가 찾은 것은 그 친척이 돈을 가지고 일본으로 가버렸다는 소식뿐이었다. 그 친척을 온전히 믿고 있던 아버지는 그가 밧데리 사업 때문에 해결할 일이 있어서 일본으로 간 것은 아닐까 기다려도 보고, 어머니 닦달에 찾아나서도 봤지만 일본에서 그를 찾는 것은 건초더미에서 바늘을 찾는 것과 같은 일이었다. 얼마 시간이 지나지 않아 아버지는 그 친척 찾는 것을 포기하셨다. 물론 그 친척에게 맡긴 돈 역시 포기하셨다.

　너무 쉽게 속아 넘어간 자신의 미련함에 대한 한탄과, 사라진 돈에 대한 안타까움, 그리고 믿었던 사람에 대한 배신감으로 아버지는 괴로워하시며 술을 입에 대기 시작하셨다. 하지만 밥을 대신해서 술을 드셨을 뿐 주사를 부리시거나, 가족을 못살게 구는 일 등은 전혀 없으셨다. 술을 드시고 엄마와 이런저런 다툼이 있었던 것은 훨씬 후의 일이었다.
　어쨌거나 부산에 오면서부터 우리 집은 가난이 시작되었다.
　사업을 해서 폼 나게 살아보겠다는 꿈은 산산이 부서진 채, 아버지는 부산시 동대신동 달동네에 셋방을 얻으셨고, 얼마 후 내 하나뿐인 동생 윤숙이가 태어났다. 나는 배불리 먹었던 기억은 없지만 그래도 아버지가 부자였다고 하니 부산에 오기 전까지는 배곯지 않고 잘 먹고 살았을 텐데, 윤숙이는 태어날 때부터 너무 가난했던 탓에 제대로 먹이지를 못해서 내내 몸이 약했다.

　우리의 가난이 그 친척 때문이라고 할 수는 없지만, 그 단초를 제공해준 것만은 확실했다. 아버지는 건강했고, 배운 것도 많으셨던 분이었지만 꿈이 무너지니, 마음이 무너졌고, 자신감을 잃고 무기력감에 빠져 헤어 나오질 못하셨다. 현실을 받아들일 수 없어 술을 드시며 마음을 달래셨고, 결국 일을 하실 수가 없었다.

　후에 그 친척이 일본에서 돌아왔는데, 너무나 무기력해진 아버지는 그를 찾아가 따지지도 못하셨다. 웬만한 사람 같으면 찾아가서 어떻게 그처럼 쉽게 신뢰를 져버릴 수 있는지, 남을 속여 돈을 빼앗아갈 수 있는지 따지며 강짜라도 부려 봤을법한데 아버지는 그러지도 않으셨다. 그 친척 앞에서는 물론 우리끼리만 있을 때에도 그 친척을 욕하거나 나쁘게 말한 적이 없으셨다.

　그런 아버지의 모습이 너무 답답했던 엄마가 아버지에게 "가서 돈 좀 받아와요"라고 소리를 질러도 아버지는 별다른 말씀이 없으셨다. 그러면 너무 답답해진 엄마는 나를 그 친척 집에 보내곤 하셨다. 그 친척이 나를 무척 예뻐해 주었는데, 아마 내가 가면 그때 가져갔던 돈을 좀 돌려주지 않을까 기대하셨던 것 같다.

　그도 그럴 것이 그 집은 우리 집 몇 십 배는 될 만큼 궁전같이 넓고 호화로웠으며, 태어나 한 번 보지도 못한 신기한 일제 가전제품들이 즐비하게 그 곳을 채우고 있었다. 어떻게 해서 그렇게 재산을 모았는지는 알 수 없지만, 어쨌거나 꽤 넉넉한 형편이었음에도 불구하고 그 친척은 우리 엄마의 간절한 바람을 외면하며 돈은 한 푼도 주지 않았고, 그 집에 찾아간 내게 예쁜 옷을 선물해서 집으로 돌려 보내곤 할 뿐이었다. 그 사실을 아는 아버지는 아무 말씀 없이 술만 드실 뿐이었고….

어머니는 친정 도우시랴, 장남이자 서울로 떠나보낸 큰 오빠 챙기 랴 정작 한 집에 사는 우리에게는 신경을 쓰실 수가 없었다. 그 친 척에게서 악착같이 돈을 받아내지 못하고 무너져버린 나약한 가장 에 대한 미움과 실망 때문에 신경을 쓰기 싫으셨던 것인지도 모르 겠다. 어쨌거나 부모님 두 분 모두 생계를 위해 경제활동을 하지 않 으셨기에 나와 윤숙이는 항상 배가 고팠다. 집에는 정말 눈을 씻고 찾아봐도 먹을 것이라고는 없었다. 동네 우물에 가서 물만 벌컥 벌 컥 마시는 날이 태반이었다. 다행히 아버지가 술을 드시기 때문에 술 찌꺼기를 얻어 마시거나 그도 아니면 아버지가 드시던 술을 몰 래 홀짝 거리며 마시던 날이 많았고, 그런 날은 정신이 몽롱해진 채 널브러져 잠을 자곤 했었다.

그렇게 시간이 흘러 초등학교에 들어갈 무렵이 되자 내 키가 제 법 커졌다.

잘 먹지 못해서 비쩍 마르기는 했지만 또래보다는 키가 컸고, 깡 다구도 있어서 일을 구해서 돈을 벌수가 있었다. 어른들은 나를 기 특해하며 연탄 나르는 일, 공사장에서 벽돌 나르는 일 등을 시키고 용돈을 주셨다. 10살도 안 되는 어린 나이였지만 이를 악물고 연탄 을 제법 잘 배달했고, 공사장에서 어른들이 내게 올려주는 벽돌도 제법 날래게 오가며 날랐다. 내가 살던 곳은 산동네였기 때문에 연탄 장사 하시는 분들이 수레에 끌어 연탄을 나르기 영 곤란한 곳이기도 했거니와, 다들 가난해서 연탄을 한 번에 많이 사지 못하고, 당장 필요한 몇 개만 사곤 했기 때문에 나는 제법 많은 일감을 얻을 수 있었다. 연탄이나 벽돌을 나르면 정확한 돈의 액수는 기억나지 않지만 10장에 1원 정도 받지 않았을까 싶다.

그 돈으로 동생 윤숙이와 오렌지 맛이 나는 질긴 젤리 같은 것을 사서 먹곤 했는데 어린 나이였지만 동생 윤숙이가 오물거리면서 내 옆에 앉아 그 젤리를 짜서 먹는 입을 보고 있으면 마음이 너무 뿌듯했다. 돈을 번다는 것은 참 좋은 일이었다. 동생 입에 먹을 것이 들어갈 수 있으니 말이다.

"윤숙아 맛있나? 언니가 나중에 돈 많이 벌어서 이런 거 백 개 사 줄게, 알았지?"

윤숙이는 말만 들어도 좋은 듯 배시시 웃고 연신 고개를 끄덕이며 그 젤리를 쪽쪽 빨아먹던 모습이 지금도 눈에 선하다.

연탄 나르는 일은 겨울 일감이라서 여름에는 할 수 있는 일이 아니었다. 겨울이 아닐 때는 남의 집에 물을 길어다 주는 일도 했었다. 지금은 어느 집이나 상하수도 시설이 잘되어 있어서 수도꼭지만 틀면 물이 콸콸 쏟아져 나오지만 그 당시는 그렇지가 않았다.

내가 초등학생이던 1960년대 초반은 물이 귀했던 시절이고, 집집마다 수도가 있는 것이 아니라 마을 사람들이 공동으로 사용하는 바가지 샘이라는 우물이 있었다. 사람들은 그 우물에서 물을 길어다가, 집에 큰 물 항아리에 담아두고는 바가지로 퍼서 사용했는데, 물은 어느 집이나 필요한 것이라 일감이 끊이질 않았다. 나는 우물에 가서 물을 길어다가 집에 있는 큰 물 항아리를 채우는 것이 일이었는데, 우리 동네가 산꼭대기에 위치한 달동네라 물을 길어 올라가기가 보통 힘 드는 일이 아니었다. 그래도 배가 고프니까 악착같이 그 일을 했었다. 이런 일에 비하면 아기를 업고 돌봐주던 일은 참 수월했다. 아가들이 울며 몸을 마구 비틀어대면 참 힘들었지만 그래도 물을 나르는 것보다는 좋았다. 이렇게 용돈을 벌어 나와 윤숙이의 허기를 채웠다.

하지만 아무리 열심히 일을 한다고 해도 겨우 초등학생이었던 내 벌이는 간식을 사먹을 수 있는 정도였지 배를 채울 수 있는 것은 아니었다. 간식으로 채우지 못하고 남은 허기는 산에 있는 이름 모를 풀을 뜯어 먹거나, 밭에서 뽑다가 남겨진 배추 뿌리를 씹어서 먹곤 했었다. 그러다 겨울이 지나고 산에 열매가 맺히는 좋은 계절이 오면 탱자나무의 버찌 열매와 산딸기를 입 주변이 벌개 지도록 정신없이 따 먹고는 했다. 이러다 보니 학교에 도시락을 싸간다는 것은 생각도 할 수 없는 일이었고, 학교에서 밀가루나 옥수수 맛이 나는 분유가루를 배급으로 받아 좋다며 먹었었다. 그래서 항상 내 소원은 밥 한 번 배불리 먹어보는 것이었다.

이런 내 소원이 너무 간절해질 즈음이면 아버지가 일을 하시고는 쌀을 팔아 오시는 날이 있었다.

자주 있는 일은 아니었지만, 원래 소원은 이루어지기가 힘든 법이 아니던가. 너무 자주 이루어지면 소원이라고 할 수가 없으니 말이다. 가끔이라도 그저 좋았고, 세상 아무도 부럽지가 않았다. 아버지는 가끔씩 술을 드시지 않고, 일용직 흔히 말하는 막노동을 하시고는 쌀을 팔아 손에 들고 오셨다. 그런 날 아버지는 동네 어귀에 들어서는 순간부터 내 이름을 끝도 없이 부르시며 걸어오셨다. 아마도 일을 해서 돈을 벌어오는 아버지의 모습이 자랑스러워 내게 보여주고도 싶으셨고, 쌀이 손에 있는 것도 행복하셨던 것 같다.

"화숙아! 이화숙! 아버지가 쌀 팔아왔데이. 밥 앉혀라! 화숙아!"

집에서 배가 고파 쓰러져 있다가, 저 아래 길목에서 아버지 목소리가 들리면 나는 신이나서 정신없이 신발을 주워 신고는 아버지에게로 달려갔다.

아버지는 내가 뛰어나오는 것을 보시면 나를 보고 정말 환하게 웃으셨다.

"화숙아, 니 거기 있었나? 아부지가 쌀 팔아왔다. 오늘 아부지랑 밥해서 밥 묵자!"

밥을 먹을 수 있는 것도 좋고, 아버지가 술을 드시지 않고 웃으시면서 오시는 것도 너무 좋아서 한 달음에 달려가 아버지에게 매달리거나 허리춤을 잡고 팔짝팔짝 뛰었다. 그러면 아버지는 그날의 노동이 고되어 힘드셨던지 내 소동에 몸의 중심을 잃어 넘어지셨고, 내 소원이던 그 귀한 쌀을 길 바닥에 쏟아버리는 날도 있었지만 아버지는 왜 이리 야단이냐고 짜증 한 번 내지 않으셨다.

"이를 우짜꼬! 아버지 이를 우째요! 쌀이 쏟아져서 밥 묵기는 틀렸어요"하면 "괜찮다. 주우믄 된다. 아버지랑 얼른 줍자! 눈으로 보면 한심해도 손으로 하면 금방이다!" 하시면서 나와 길목에 쪼그려 앉아 그 쌀을 한 톨 한 톨 다 주워 내 손에 올려주셨고, 야단치시는 법이 없었다.

그런 날은 정말 너무 행복했다. 집에 밥이 없으니, 반찬이라곤 있었을 리가 없시만 상관없있다. 동네 마가지 샘에서 길어온 물에 밥을 말아만 먹어도 꿀맛이었고 행복했다. 윤숙이도 입에 밥을 넣어주면 오물거리면서 너무 잘 먹었다. 그런 날은 우리가 부산을 떠나는 날까지도 손에 꼽을 정도로 몇 번 없었지만, 지금도 아버지가 내 이름을 부르시며 길목에서 걸어오시던 그날의 기억들이 눈에 선하다. 나는 아버지를 참 좋아했었다.

예순이 다 된 지금도 우리 아버지 사진을 가지고 다니며 사람들에게 보여주곤 한다. 아버지는 참 잘생기셨고 유머도 많으셨으며, 다정다감한 분이셨다. 내가 빨래를 할라치면 어려서 아직 손에 힘이 없어 힘들다며 다 치대주셨고, 물이 귀하던 시절 좌판에서 사온 콩나물을 씻어야 하는데 물이 없다고 울상을 지으면 아버지는 웃으시면서 말씀하셨다.

"괜찮다. 콩나물은 물을 먹고 자란다. 물만 먹고 자라 깨끗하니 안 씻어도 된다. 그냥 끓여라. 안죽는다" 하시며 식사 차리는 것을 도와주곤 하셨다. 아버지에게 물어보면 아무것도 어려울 것이 없었다. 어떻게든 다 답이 있는 분이셨다. 지금도 콩나물을 씻어대다가도 그때 아버지가 하셨던 말씀이 생각날 때면 씻던 것을 멈추고 그냥 끓여서 먹곤 한다.

　경제적인 능력이나 수완은 없으셨지만 너무 좋은 성품이었던 아버지가 술을 드시고 어머니와 다툼이 시작된 것은 내가 초등학교 다닐 무렵부터였을 것이다. 뿐만 아니라 물이 귀해 콩나물을 안씻어도 된다던 아버지가 그 귀한 물로 윤숙이와 내 손이며 발을 씻어주시던 일도 그때부터였다. 그럴 때마다 나는 세숫대야 물을 첨벙대면서 "아부지 윤숙이 손이랑 발은 저렇게 이쁘고 가느다란데 나는 왜 이래요?", "아버지랑 윤숙이는 눈썹이 숱도 많고 까맣게 예쁜데 내 눈썹은 왜 이래요?"라며 투덜거리면 아버지는 아무 말씀 없이 찬찬히 윤숙이와 내 손과 발을 유심히 보기만 할 뿐이었다.

　아버지가 작심하고 우리를 그렇게 다르게 낳아주신 것이 아니니 투덜거리는 것은 말도 안 되는 일이었겠지만 이것은 내심 서운함의 표현이기도 했다. 나를 그렇게 예뻐하셨던 아버지셨는데 어느 날부터인가 아버지는 나보다 윤숙이를 너무 편애하셨고, 윤숙이는 안아주거나 쓰다듬어 주셨던 것에 반해 내게는 전혀 그런 일이 없으셨다. 가끔 밥상에 생선 반찬이라도 있을라치면, 그 생선으로 향하는 내 젓가락을 쳐내시고는 윤숙이에게만 생선 살을 발라주기도 하셨다. 아무리 내리사랑이라지만 아버지를 참 좋아했던 나는 못내 서운했었다. 그래도 내가 너무 예뻐하는 동생 윤숙이니까 참을 수 있었다. 윤숙이는 내게도 항상 특별했다. 윤숙이는 몸이 약해서 학교 다니기를 힘들어 했는데, 나는 매번 윤숙이를 업고 5리 길인 학교를 가곤 할 만큼 윤숙이에 대한 애정이 컸다.

내 투덜거림에도 불구하고 아버지는 내게 윤숙이와 같은 사랑을 주시거나 표현해주지 않으셨다.

그 대신 항상 시간이 있을 때마다 나를 불러 앉혀놓고는 이런 저런 이야기를 해주시거나 교육을 시키곤 하셨다.

"화숙아 너는 절대로 남의 집 가서 1원 하나도 건들지 말고, 누가 안보더라도 나쁜 짓 하지 말아라."

또 어떤 날은 말씀하셨다.

"누가 너에게 무슨 소리를 해도 절대로 뒤를 돌아보지 말고 네 갈 길을 가라 알았나?"

"누가 보든 안보든, 알든 모르든 행동은 항상 반듯하게 해야 하고 정직해야 한다."

"화숙아 인내는 쓰지만 열매는 달다. 알았제?"

정말 귀에 못이 박혀 딱지가 앉을 만큼 아버지는 하셨던 말씀을 하고 또 하셨다. 그러실 때마다 나는 매일 듣는 소리 또 하신다고 불평하지 않고, 아버지가 하시는 말씀을 처음 듣는 것처럼 연신 고개를 끄덕이며 듣곤 했었다. 꼭 그렇게 살겠다고 아버지 말씀에 어긋나지 않겠다고 절대로 아버지를 실망시키지 않겠노라고 어린 마음에 다짐을 하곤 했었다. 그리곤 아버지 돈을 가지고 일본으로 도망갔다던 친척 때문에 아직도 마음이 많이 아프신가보다 생각했었다. 내가 그런 생각을 했기 때문인지 아버지 얼굴이 참 힘없고 슬프게 느껴져서 마음이 아팠었다. 그런 아버지를 엄마가 위로해주시면 좋으시련만 그 시절 내 기억 속에 엄마는 언제나 부재중, 집에 도무지 계시질 않아서 나도 외로웠다.

3. 참 독특한 아이

우리가 살던 달동네에는 유일하게 큰절이 있었다. 절에서는 가끔 동네사람들에게 무료로 밥을 주었다.

그 당시 우리는 잘 먹지 못했기 때문에 어디서든 무료로 밥을 준다면 먹지 않을 이유가 없었다.

그 날도 동네 친구들은 나보고 절에 가서 밥을 먹자고 했지만 나는 가지 않겠다고 했다.

아이들은 그런 나를 이상한 눈으로 봤다.

친구들이 절에 가서 배를 채울 때 나는 배고픔을 달래기 위해 밭에 가서 배추뿌리와 탱자를 따 먹으며 조금이나마 배를 채웠다.

내가 살던 곳은 달동네라 나 뿐 아니라 누구나 배가 고팠다.

우리 동네에 살던 또래 친구들은 배를 채울 수 있는 곳은 어디라도 갔다. 교회도 좋았고, 절이라도 좋았으며, 무당이 굿을 하는 곳이라고 해도 상관없었다. 그저 먹을 것이 있고, 도둑질 하지 않으면서, 허기진 배를 채울 수 있다면 어디라도 갔다. 아침에는 교회에 갔다가, 오후에는 절에 간다고 해도 이상한 일은 아니었다. 그저 밥을 배불리 먹을 수 있는 날은 하나님 부처님 그도 아니면 천지신명까지 축복해주는 날일 뿐이었다.

그래서 친구들은 동네에서 멀지 않은 절에서 밥을 주는 날이 되면 나에게 함께 가자고 그렇게도 졸랐음에도 나는 가기가 싫었다. 절대로 싫었다. 교회를 가니까 절은 가면 안 된다고 생각했다. 친구들은 매번 졸랐고, 내가 교회 때문에 안 된다고 할 때마다 미쳤다고 했다. 사실 나 스스로도 참 독특하다고 생각했다. 나무뿌리도 먹고, 학교에서 주는 옥수수 가루 배급도 잘만 받아먹으면서 왜 절은 가기 싫을까 싶었지만 어쨌거나 나는 안갔다. 딱 부러지게 말할 수 없지만, 그냥 교회를 가면서 절에도 가는 것은 나쁜 일 같았다. 하나님 외의 것은 모두 우상이라 배웠고, 우상이 정확하게 무엇인지는 몰랐어도 그런 모든 것이 싫었다. 그건 하나님에 대한 배신이었다.

'사람이 의리가 있어야지 그러면 안 되는 거다.'

마음이 약해질 때마다 고개를 절래절래 흔들며 다짐했다.

'나는 절대로 배신 같은 것은 안한다.'

그 당시 나는 교회에 다니고 있었다. 어떻게 가게 되었는지 기억할 수 없지만, 초등학교에 입학하기 전부터 주일이면 나 혼자 교회에 갔다. 어린 나이니 엄마를 따라갔을까도 생각해봤지만 그건 아닌 것 같다. 엄마 친정은 동네에서 이름만 대면 알 만한 기독교 가문이며, 유명하신 목사님도 여럿 배출되었다. 물론 그 당시도 외가댁은 교회를 다니셨겠지만, 엄마는 무슨 일인지 교회를 다니지 않으셨고 내게 하나님을 가르쳐주신 일도 없었다.

그런데도 나는 주일이 되면 무조건 교회를 갔었다. 나는 모험심도 많았고, 어디 가서 기가 죽거나, 낯을 가리는 편이 아니긴 했으니 혼자서 교회를 갔다 해도 이상한 일은 아니었다. 나는 교회에 가서 앉아있는 것이 참 좋았다. 지금도 부산서부제일교회에 앉아서 열심히 입을 벌려 찬양을 하는 내 모습이 그려진다.

"참 아름다워라 주님의 세계는

저 솔로몬의 옷보다 더 고운 백합화.

주 찬송하는 듯 저 맑은 새소리

내 아버지의 지으신 그 솜씨 깊도다."

입을 한껏 벌려 이 찬양을 하고 있으면 자꾸만 뒤에서 누가 보고 있다는 생각이 들곤 했다. 선생님이 나를 보시나 싶어서 뒤를 돌아 보면 아무도 없는데, 다시 앞을 보고 있으면 누군가 보고 있는 것 같은 기분에 몇 번이고 뒤를 돌아본 날이 많았다. 그런가 하면 교회 에서 시키는 요절 암송, 찬송과 율동을 참 열심히 했고, 하나님 아버 지라는 말은 마냥 좋고 따뜻했다. 내가 아버지를 워낙 좋아해서였는 지도 모르겠다. 교회에서 가장 많이 시키는 요절 암송은 요한복음 3 장 16절이었는데, 어린 나이라 말의 뜻을 다 이해는 못했지만 그냥 그 암송을 하고 또 해서 누가 치기만 해도 그 요절이 입에서 뛰어나 올 지경이었다.

"하나님이 세상을 이처럼 사랑하사, 독생자를 주셨으니 이는 그를 믿는 자마다 멸망하지 않고 영생을 얻게 하려 하심이라"

나는 윤숙이를 너무 예뻐했기 때문에 독생자를 주신다는 것은, 윤 숙이 만큼 귀하고 좋은 것을 주셨다는 뜻으로 이해했다. 그건 정말 엄청난 일이었다. 내게 동생은 윤숙이 하나 뿐 이었는데, 그건 누구에게 주고 말고 할 것이 아니었다. 절대로 줄 수 없는 그런 것이었다. 그러니 하나님도 그 결정이 얼마나 힘든 일이었는지 어렴풋이 이해가 갔다.

그런데 하나님은 내게 독생자만 준 것이 아니었다. 교회를 통해 정말 좋은 것들을 많이 선물로 주셨고 약속했던 것을 어기는 일이 없었다. 나는 그 당시 교회에서 인도상으로 받은 연필이나 노트 등의 학용품으로 학교생활에 충당할 수 있었다. 어린 시절 단 한 번도 부모님께 학용품 산다며 돈을 받아본 적이 없었다. 음식을 살 돈도 없었던 시절이라, 아무리 학교에서 공부하는 데 필요하다지만 먹지도 못할 학용품을 산다는 것은 불가능 했다. 그래서 나는 상품을 받을 수 있는 요절 암송을 열심히했다.

교회에서 주는 학용품 중에서 가장 큰 것은 새신자를 교회에 데리고 오는 전도상이었다. 그러던 어느 날 내게 기회가 왔다. 그것도 10명을 한 번에 데리고 올 수 있는 아주 엄청난 기회가 말이다.

우리 동네에 잘 사는 한 남자아이가 있었다.

그런데 그 친구는 힘없는 동네 아이들을 괴롭히곤 했고 그럴 때면 아이들은 나에게 혼내달라고 부탁을 했다.

나는 그 때 동네아이들을 이번 기회에 다 교회로 데리고 가야겠다는 생각이 들었다.

"그라믄 내가 그 아 혼내주면 니들 교회 나온다꼬 약속하마!"

"알았다! 니가 그 아 혼내주면 교회 다닐꼬마!"

"참말이지 약속 지키라!"

"알았다 안 했나! 약속 지킨다. 가시나야~"

마르기는 했어도 키도 컸고 깡다구도 있는 체격에 성격적으로는 의협심이 강하고 나서기도 좋아하는 편이었다. 덕분에 동네 심부름은 다하고 다녔었다. 사실 지금도 그렇지만 보통의 여자아이들처럼 가만히 눈만 흘기며 속상함을 표현하거나, 꼬집어 뜯거나, 그도 아니면 한 대 맞았다고 주저앉아 얼굴을 감싸 쥐고 훌쩍거리며 우는 일은 나와 맞지 않았다. 누가 나를 괴롭히면 젖 먹던 힘을 다해 쫓아가서는 내가 괴롭힘 당한 것 이상으로 갚아줘야만 직성이 풀리는 성격이었다. 내 그런 성격을 익히 잘 아는 친구들이 나에게 교회에 오는 대가로 청탁 아닌 청탁을 하는 것이었다.

사연은 이랬다. 우리 동네는 달동네라 대부분 길 가에서 방 하나짜리 집에 사는 것이 보통이었는데, 간혹 조금 여유가 있는 집은 길 안쪽으로 들어가면 방도 여럿이고 마당도 넓은 집에서 사는 사람도 있었다. 우리는 그들을 부자라고 불렀다. 그 부자 집에 사는 친구 중 덩치가 좋은 한 사내 녀석이 자꾸만 내 친구들을 괴롭혀서 동네에서 노는 것도 무섭고, 학교 가는 길도 너무 힘들다고 했다. 마음이야 싸워서라도 버릇을 고쳐버리고 싶지만, 그 녀석 체격이나 성격이 보통은 아닌지라 감히 엄두가 나질 않으니 나더러 해결을 한 번 해보라는 것이었다. 그 녀석이 마음을 고쳐먹고 자신들을 괴롭히지 않게 되면, 그 대가로 자신들이 기꺼이 교회쯤은 와주겠다고 했다. 그 정도 일이라면 교회에 따라와 주지 않아도 나서기 좋아하는 내 성격상 그냥 보고 지나치진 않았을 텐데 교회까지 오겠다는데 마다할 이유가 없었다.

그날부터 그 녀석이 오가는 길을 잘 살피기 시작했다. 언제 어느 길로 다니는지, 언제 어머님이나 어른들이 안 계시는지 잘 살펴보고 있다가 드디어 거사를 감행할 날을 잡았다.

친구들에게 통보도 했다. 우리 집은 길가에 위치한 집이라 나는 우리 집에 몸을 숨기고 서서 그 녀석이 지나가기만을 기다렸다. 그 녀석이 아무 생각 없이 우리집 근처를 지나가던 그때 순식간에 그의 옷을 낚아채서 벽에 밀어붙이고 고함을 질러대기 시작했다. 갑작스럽게 당한 일에다가 여자 아이에게 잡혀 옴짝달싹 못하는 것도 기가 찬데 소리까지 질러대니 그 녀석은 당황했다. 하지만 그것도 한 순간 뿐이고, 그 녀석도 덩치나 성격은 보통이 아니었던지라 온몸을 흔들며 기를 쓰면서 내 손을 뿌리쳐버리고 뛰어가서 저만치로 사라져버렸다.

나도 예기치 못한 거센 반항에 시작도 못한 채 그 녀석을 놓쳐버려서 아쉬워하고 있었는데, 기회는 그것으로 끝이 아니었다. 그 녀석이 갑자기 나타나 무엇인가로 내 팔을 휙 긋는 것이었다. 팔에 이상한 느낌과 함께 통증이 있었지만 팔에 정신을 파는 대신 그 녀석 팔을 잡아 비틀기 시작했다. 그리고 그 녀석 손에서 툭 떨어지는 칼을 보았다. 다행히 식칼 같은 것은 아니고, 연필 깎을 때 쓰는 작은 칼이었다. 그래도 얼마나 힘을 다해 내 팔에 찔러 넣었던지 팔에는 피가 흥건해서 줄줄 흐르고 있었다.

'옳지! 이번에는 끝장을 봐야겠다' 싶었다.

'이 녀석, 내 친구들이 힘이 없다고 여태껏 이렇게 괴롭혀왔구나, 오냐, 너 오늘 한 번 당해봐라. 내가 네 버르장머리를 고쳐놓고야 말겠다' 싶었다.

어차피 그 녀석이 내 팔을 칼로 찔러서 어른들이 야단을 쳐도 할 말이 있겠다 싶어 마음 놓고 분이 풀릴 때까지 흠씬 때려주고는 친구들 앞으로 질질 끌어서 데리고 갔다. 그리고 친구들 앞에서 싹싹 빌고 다시는 괴롭히지 않겠다는 약속을 하게한 후에야 내 손에서 놓아주었다. 그러자 정말 그 10명의 친구들은 그 주일부터 매주 빠짐없이 교회에 출석하기 시작했고, 나는 꽤 많은 학용품을 받아 어려움 없이 공부를 할 수 있었다. 그때 그 녀석에게 당한 상처는 수십 년이 지난 지금도 내 팔에 또렷하게 남아있다.

물론 내가 교회에서 받는 상품에만 관심이 있는 그런 아이는 아니었다. 앞서도 말했듯 의협심이 강한 성격으로 의리를 소중히 여기는 나였기 때문에 교회와 반대된다고 생각하는 것은 아무리 유혹이 되더라도 거들떠보지도 않았다. 배가 고파서 배추 뿌리로 배를 채우고 학교를 다니면서도, 옆에 앉은 짝꿍의 하얀 쌀밥에 눈 한 번 돌리지 않았다. 한 번이라도 쳐다보았다가는 그 하얀 밥에서 눈을 뗄 수가 없을 테고, 그렇게 바라보다 보면 한 번이라도 먹지 않고는 견디지 못할 텐데 그럴 수는 없었다. 내 짝이 사는 곳은 저 만치에 오롯하게 자리 잡고 있는 절이었다.

그 시절에는 쌀밥 구경하기가 힘든 시절이었는데 내 짝꿍은 유일하게 쌀밥을 가지고 다녔고 그 쌀밥은 윤기가 흐르고 눈처럼 하얀 쌀밥이었다.

그 친구는 내가 도시락을 싸 가지고 다니지 않는 것을 알고 도시락을 같이 먹자고 했다.

나는 거절을 하고 점심시간이 끝날 때까지 밖에 있다 교실로 들어왔다.

그 다음날 그 친구는 도시락 두 개를 싸가지고 왔다.

"니 먹으라고 도시락 두 개 싸 왔다! 같이 먹자!"

"나 안 먹는다!"

"같이 먹자! 배고프잖아~"

"나 배 안고프다. 그리고 다음부터는 싸오지 마라!"

"알았다~"

그 이후로 그 친구는 나에게 더 이상 하얀 쌀밥을 권하지 않았다.

지금 생각해 봐도 나의 짝꿍은 참 착한 아이였다.

하지만 어릴 때부터 이용재 아버지가 남의 것을 탐하지 말라고 해서 였을까? 배가 고파도 참은 것 같다.

그 당시에는 부산 영도다리가 하루에 두 번씩 올라가던 시절이었다. 일주일에 몇 번씩 고기잡이배가 들어오면 상품가치가 떨어지는 고기들은 줄만 서면 주었기 때문에 나는 그날을 기억해서 생선을 받으러 가곤 했다.

나는 어렸지만 남의 물건에 탐내려 하지 않았고 허리를 굽히고 산 기억이 없었다.

지금 생각하면 어떻게 살아왔는지 모를 세월을 지나왔다.

항상 배가 고팠고, 어린 나이임에도 일을 해야만 무어라도 먹을 수 있었던 시간이었다. 그럼에도 불구하고 너무 감사한 시간이었다. 무엇보다 내 인생을 귀하게 만들 가르침을 주셨던 좋은 아버지가 계셨고, 잘 먹지 못했어도 건강했으며, 동네 어른들의 사랑을 받아 일을 해서 돈을 벌 기회를 선물 받았으며, 처음 시작은 모르지만 교회에서 하나님을 알 수 있었기 때문이다.

또한 이 모든 것이 내가 한 것은 아무것도 없고, 내 삶을 계획하시고, 나와 내 주변 사람들의 마음과 생각을 주관하시며, 부족한 나를 강요하지도 내버려두지 않으시고, 인자한 손길로 나를 키우셨던 주님의 은혜가 너무 컸음을 뒤늦게 알았기 때문이기도 하다.

"내가 너희를 고아와 같이 버려두지 아니하고 너희에게로 오리라"(요한복음 14:18)

제2장

나를 기다리시는 하나님

1. 부산을 떠나 서울로

오빠에게서 편지가 왔다. 오빠는 어릴 때 집을 떠나 서울로 갔고, 일찌감치 가방 공장에 들어가 가방을 제작하는 기술을 익히며 고생하고 있었다. 공장 다니면서 번 돈을 차곡차곡 모아서 우리가 함께 살 수 있는 전세방을, 그것도 내가 소원하듯 방이 두 칸이나 있는 집을 서울에 마련했다면서 이사하라고 했다. 부모님의 반응은 기억나지 않고, 윤숙이와 나는 환호성을 질렀다.

서울! 서울을 간다고 했다. 매일 말로만 듣던 그 서울, 이 동네 애들 중에 서울을 구경한 사람은 단 한 사람도 없는데, 나는 이제부터 그곳에 가서 살게 된다니 정말 꿈만 같았다. 나서기 좋아하는 내 성격상 이사 가기 한참 전부터 친구들에게 돌아다니면서 작별인사 겸 자랑을 신나게 했다.

"안녕. 나 이제 서울 간다."

"우와 좋겠다! 진짜 부럽다. 그런데 이제 그 노마가 괴롭히면 누가 우릴 지켜주겠노?"

친구들은 내가 서울에 간다니 부러움 반 서운함 반으로 아쉬워했고, 그런 모습을 볼 때마다 내 마음은 뿌듯했다. 이제 올라오려면 숨이 턱까지 차오르는 이 높디높은 부산 달동네는 끝이다. 이사 가는 날까지 윤숙이와 나는 너무 기뻐 잠을 이룰 수가 없었다. 혹시라도 무슨 일이 생겨서 서울에 못가면 어쩌나 싶고, 서울에 가면 어디부터 구경해야 하나 매일 고심했다.

이사하는 날이 열 손가락으로 꼽을 수 있을 만큼 되었을 때, 윤숙이는 밤마다 나에게 물어보곤 했었다.

"언니 우리 진짜 서울 가는기가? 정말이가? 정말 서울을 우리가 가는기가?"

"그라믄! 거그는 방도 두 개나 있다카더라."

우리는 동화책에서나 봤을법한 공주 같은 방을 상상하면서 미리 서울 생활에 대한 꿈에 부풀어 있었다. 챙겨갈 세간도 얼마 없어서 트럭 같은 것은 필요도 없었다. 그저 각자가 가져갈 수 있을 만큼 몸에 지니고 기차에 몸을 실었다. 기차를 그때 처음 타봤다.

서울에 도착을 해보니, 역시 멋있었다. 넓었고 차도 많았고 사람들도 멋있어 보였다. 하지만 그것도 서울역에 도착했을 때뿐으로 우리가 살게 된다는 모래내라는 곳은 풍경이 달라도 한참 달랐다. 서울은 무조건 다 멋있고 세련된 곳인 줄 알았는데, 우리가 도착한 곳은 뚝방으로 장화가 없이는 한 발도 내딛기 힘든 곳이었다. 부산에서 한껏 부풀었던 꿈을 순식간에 부숴버리기에 충분한 곳이었다. 도로는 포장이 되어 있지 않았고, 마을은 허름했으며, 차는 고사하고 자전거 하나만 지나가도 온갖 오물이 주변에 튀는 것은 각오해야 했다.

그 뿐 아니라 오빠 편지대로 방이 두 칸인 것은 틀림이 없었지만 판자집이라 허름하기가 이루 말할 수가 없었다. 부산처럼 산꼭대기만 아니었을 뿐이지 우리가 살던 곳보다 나을 것이 없었다. 그래도 명색이 서울인데 이건 좀 너무했다 싶었다. 오빠는 미리 말해주지, 서울이지만 부산이랑 별로 다르지 않다고, 아주 허름하니까 기대하지 말라고 해주지 자기는 다 알면서 왜 한 마디도 안 해줬을까 원망스러웠다. 윤숙이의 실망도 너무 컸다.

그래도 오빠랑 같이 사니까 그 전보다 좋은 것이 많을 것이라고 생각하며 우리 스스로를 위안했다. 학교는 전학을 했는데, 이곳도 역시 집에서 그리 가깝지가 않았다. 길도 좋지 않고 학교도 멀어서 윤숙이가 걷다가 힘들어하면 내가 업어서 학교를 오가곤 했고, 그때마다 내 친구들이 나와 윤숙이의 가방을 들어주곤 했다. 좋은 친구들을 만났던 것이 내 인생에 큰 힘이었다. 인생이 마냥 평탄하고 쉽지는 않았지만 견디기 힘든 순간마다 그런 좋은 사람들을 곁에 붙여주시고, 그 고난과 어려움을 이겨낼 힘을 주셨던 하나님께 감사한

다. 어쨌거나 실망 속에 시작한 서울 생활이었지만 좋은 친구들이
옆에 있었고, 튼튼한 체력이 있었던 덕에 나는 매일을 지날 수 있었
다.

2. 아버지의 마지막 말씀

"니 이거 지금 뭐하는 기가!"

"아버지, 정말 지가 이렇게 해도 술을 마실랍니까? 그거 안 먹고
는 못사시겠습니까?"

오빠가 아버지 앞에서 손가락에 피를 뚝뚝 떨치며 글씨를 쓰고
있었다. 하얀 종이에 오빠의 피가 뚝뚝 떨어졌다. 혈서였다. 오빠도
아버지가 술을 많이 드신다는 것을 모르지는 않았겠지만, 소식으로
만 전해 듣다가 눈으로 매일 보니 괴로웠을 터였다. 아버지의 몸이
갈수록 약해지고 있었기 때문에 걱정되어 술을 드시지 말라고 잔소
리도 하고 애원도 했지만 아버지는 오랜 위로이자 유일한 친구였던
술을 끊지 못하고 계셨다. 그래서 최후의 수단으로 오빠는 자기 손
가락을 베어서 아버지에게 드릴 혈서를 쓴 것이었다. 술을 드시지
말라고, 장남인 자기를 생각해서라도 금주하시라며 아버지에게 애
원을 했다.

아마 손가락을 베기 전부터 오빠는 아버지를 보면서 마음으로 피
눈물을 흘리고 있었는지도 모르겠다. 아버지는 술을 오래 드셨던 탓

에 간이 제 기능을 하지 못할 만큼 망가져있었고, 얼굴빛은 눈에 띄게 변해가고 있었다. 우리는 그런 아버지를 보면서도 별다른 생각을 하지 못했는데, 오빠는 철이 들었던 만큼 무척 괴로워했다. 자식이면 술을 못마시게 때리고 야단이라도 치겠지만, 아버지에게 그럴 수는 없으니 자기 몸을 상하면서 아버지에게 애원을 했던 것이었다. 그런 오빠의 모습에 기겁을 한 아버지는 그날로 금주를 선언하시고는 술을 입에 대지 않으셨다. 그 대신 시간이 있을 때마다 방에 혼자 들어가 문을 닫고는 그림을 그리시거나 붓글씨를 쓰곤 하셨다. 변화는 그 뿐 아니었다. 그나마 술을 드시면 취기를 빌어 엄마에게 말을 건네곤 하셨는데 이젠 그 대화가 완전히 끊겼다. 두 분은 서로 말이 없으셨고, 각각 다른 방을 사용하셨다. 윤숙이는 아버지 방에 곧잘 들어가곤 했지만 나와 엄마는 들어가지 못했다. 아버지가 들어오지 말라고 하셨던 적은 없는데, 왜 그랬는지 나는 아버지가 문을 닫으시면 들어가지 못했고, 아버지가 혹시라도 나에게 들어오라고 말하실까 싶어서 그 방 문 앞에서 기다리곤 했을 뿐이었다. 하지만 아버지는 단 한 번도 그런 말씀을 하지 않으셨고, 나는 그저 윤숙이가 아버지 방을 들어가거나, 학교에 다녀오면 아버지 방에서 윤숙이와 두런두런 말소리가 새어나오는 것을 들었을 뿐이었다. 다만 아버지가 내게 주시는 가르침만은 변함이 없었다.

"화숙아, 너는 절대로 남의 집 물건에 손도 대지 말고, 보는 사람이 아무도 없어도 행동은 반듯이 해야 한다."

"참아라. 알았냐? 인내는 쓰나 그 열매는 단 법이다"

나를 쓰다듬어 주시거나 안아주시는 일이 없던 것 역시 변함이 없었다. 몸이 점점 야위어가고 숨도 쉬기 힘든 날이 많아지자 아버지는 그림이나 서예를 하는 것도 힘들어하셨다. 그런 때면 조용히 눈을 감고 혼자 앉아서 몸을 조금씩 흔들며 찬양을 하곤 하셨다.

"태산을 넘어 험곡에 가도 빛 가운데로 걸어가면

주께서 아니 버리시기로 약속한 말씀 변치 않네.

하늘의 영광. 하늘의 영광 나의 맘속에 차고도 넘쳐

할렐루야를 힘차게 불러 영원히 주를 찬양하리."

그러다 내가 중학교 1학년이 되었을 때 즈음엔 아버지 배에 복수가 가득차서 거동이 힘든 상태였고, 말은 더욱 없어지셨다. 그렇지만 있는 힘을 다해서 붓글씨로 내게 '인내', '정직' 등의 글을 써서 주시거나, 아버지 방에 붙여두곤 하셨다. 이 집을 마련했던 오빠는 결혼을 해서 집을 떠났지만, 아버지는 그 오빠가 있으나 없으나 술을 마시지 않겠다는 약속을 잘 지키셨고, 가끔씩 조용히 이 찬양을 읊조리기도 하셨다.

"주 안에 있는 나에게 딴 근심 있으랴

십자가 밑에 나아가 내 짐을 풀었네.

그 두려움이 변하여 내 기도되었고

전날의 한숨 변하여 내 노래되었네.

내 주는 자비하셔서 늘 함께 계시고

내 궁핍함을 아시고 늘 채워주시네.

내 주와 맺은 언약은 영 불변하시니

그 나라 가기 까지는 늘 보호하시네.

주님을 찬송하면서 할렐루야 할렐루야

내 갈길 멀고 험해도 나 주님만 따라가리.”

아버지의 찬양을 들을 때마다 마음이 슬퍼지고 눈물이 났다. 이제 아버지가 술도 끊으셨으니, 이렇게 우리와 오래오래 살면 좋겠다고 생각했다. 아버지는 눈을 감고 무엇을 생각하시는 것 같았다. 무슨 생각을 하셨는지는 한 번도 여쭈어보지 못했다.

그러던 어느 날이었다.

아버지는 항상 자상하셨고 단 한 번도 내게 화를 내시거나 매를 대신 일이 없었다. 그런데 그 날은 집에 아무도 없었고, 내가 큰 잘못을 하지도 않았는데 자꾸 짜증을 내시더니만 순간 불 같이 화를 내시면서 회초리로 내게 마구 매질을 가하셨다.

맞아서 아픈 것은 둘째 치고 처음 있는 일이라 너무 당황스러웠다. 나는 아무리 맞아도 정말 잘못했다고 생각하는 일이 아니면 미안하다거나 용서해달라는 말을 절대로 하지 않는 고집이 센 성격이다. 어쩌면 아버지가 그렇게 닦달을 해도 단 한마디도 입을 열지 않으셨던 엄마와 닮았는지도 모르겠다. 그런데 그 날은 아버지가 왜 때리시는 지도 모르겠고, 내가 잘못한 일이 있다고도 생각하지 않았지만 아버지에게 두 손을 싹싹 빌며 죄송하다고 잘못했다고 용서해달라면서 울었다.

그저 궁금할 뿐이었다. 아버지가 갑자기 왜 저렇게 변하셨을까, 도대체 무슨 일 때문에 내게 저렇게 화가 나신 것일까. 궁금한 것은 그것이 끝이 아니었다.

그런 일이 있고 며칠 뒤, 집에 아버지와 나만 있었는데 아버지가 나를 방으로 부르셨다.

"너는 찾아가라"

"네? 누구를요?"

내 말에 대답을 하지 않으시고는 숨을 몰아쉬시며 힘 겹게 다음 말씀을 이어가셨다.

"니는 뒤돌아보지 말고 니 갈 길을 가라. 내가 니 엄마를 너무 많이 괴롭혔다. 화숙이 니가 아버지 대신 잘해라. 엄마와 윤숙이를 부탁한다."

"네. 그런데 왜 그런 말씀 하시는데요."

역시나 이 질문에도 아버지는 답이 없으셨고, 배에 가득찬 복수로 인해 몸을 가누기 힘이 드신 듯 몸을 겨우 움직이시더니 내게 나가 보라고 하셨다.

그리곤 며칠 뒤 아버지는 서러움 많은 그 인생을 조용히 마감하셨다.

그날도 집에는 아버지와 나 둘뿐이었다. 나는 철이 들고 단 한 번도 안겨보지 못했던 아버지 품을 파고들어 미친 듯이 아버지를 불렀다.

"아버지 왜 이래요. 응? 아버지 왜 이래요. 눈 좀 떠봐요. 정말 왜 이러는 거에요. 아버지 그러지 마요, 제발 그러지 마요. 아버지 내가 잘할게요. 정말 잘할게요. 엉엉."

아무리 아버지를 힘껏 흔들어 봐도 아버지의 몸은 축 늘어져 흔

들릴 뿐이었고 너무 가볍게 느껴질 뿐이었다. 울며불며 아무리 애원을 해도 눈 한 번 떠서 나를 바라봐주질 않으셨다.

　그게 바로 죽음이었다. 이해할 수 없는 일이었다. 아버지가 순식간에 사라졌다. 몸은 다 그대로 있는데, 조금 전과 똑같이 내 앞에 이대로 있는데 아버지는 없었다. 아버지는 할머니께서 기도해서 낳은 귀한 자식이라고 했고, 기도했기에 큰 기대를 하면서 용'용'자에 재상'재'라는 이름을 지어주셨다. 큰 인물이 되어 하늘로 오르라고 했는데, 아버지의 인생은 하늘에 올라보지 못하고 그렇게 초라하게 사그라졌다. 그때 내 나이 14살, 죽음이란 사람으로서는 도무지 풀어낼 수 없는 수수께끼였고 슬픔이라는 생각이 들었다. 너무 큰 충격에 많은 것을 잊었고, 기억할 수 있는 것은 엄마에게 잘하라는 아버지의 마지막 말 뿐이었다.

3. 중학생 엘리베이터 걸(승강기 운전원)

　아버지의 장례는 조용하고 단출하게 진행되었다. 아버지를 보내드리는 길이 너무 초라함에 가슴 아팠고, 죽음에 대해 실감하지 못하면서 그 장례를 치러내었다.
　집에 돌아와서는 아버지의 부재를 감당하기가 너무 힘들었다. 저 닫힌 방문을 열면 아버지가 조용히 찬송을 하시거나 그림을 그리고 계실 것만 같았지만, 나는 그 문을 열지 못했고 아버지도 다시는 그 방문을 열고 나오지 못하셨다.

내 삶은 너무 암담해졌다. 아버지가 경제활동을 하신 것은 아니었지만 내 정신적 버팀목이었는데 그런 분이 사라지셨고, 아버지의 병으로 인해 우리에게 남겨진 빚도 많다고 했다. 이 빚을 해결하고 생계를 꾸리려면 나는 이제부터는 학교를 다닐 수가 없다고 했다. 당시 오빠가 돈을 벌고 있었지만, 결혼해서 가정도 꾸렸고, 자신의 가방 공장을 세우고 싶은 꿈으로 불철주야 일할 때라 우리에게 힘을 보태줄 여유가 없었다. 현실적으로 제일 간단한 해결책은 내가 학교를 중퇴하고 돈을 벌면 되는 것이었는데, 방법은 그것뿐이라는 것을 알면서도 그 결정을 내리기는 마음이 너무 서러웠다. 아무리 힘들어도 고등학교까지는 다녀서 졸업을 하고 싶었다.

절대 오빠에게 기대거나 우리 집의 어려움을 피해가려는 것은 아니었다. 나는 초등학교에 들어갈 때부터 일을 해서 내 필요한 것을 충당했었고, 이제는 당연히 가족을 위해 나를 포기하고 일을 할 각오는 되어 있었다. 하지만 고등학교까지는 반드시 가야한다는 생각에 어머니에게 애원했다.

"엄마 아무래도 나 고등학교까지는 꼭 가고 싶다. 야간 학교라는 것도 있다는데 낮에는 일해서 돈 벌테니까 대신 저녁에는 공부하면 안될까? 나 지금은 아무것도 모르니까, 엄마가 나 일할 수 있는 곳을 좀 알아봐주라."

엄마는 며칠 뒤 친척 누군가에게 부탁을 해서 얻은 자리라며 주택은행에 가보라고 하셨다. 다행히 취직이 되었고 그날부터 광화문에 있는 주택은행 본점에서 낮에는 엘리베이터 걸로 일할 수 있었다. 당시 중학교 1학년으로 어린 나이였지만 또래에 비해 키가 컸고, 눈치가 빠르고, 낯을 가리지 않고 싹싹했다. 덕분에 낮에는 일을 하고, 저녁에는 중학교를 다니면서 학업을 이어갈 수 있었다. 이런 생활은 영신상고를 진학해서 졸업하던 6년 동안 계속되었다.

제법 건강했지만 낮에는 하루 종일 서서 일하다가 저녁에는 학교에 가서 수업을 들으면, 피곤에 지쳐 몸이 땅속으로 꺼질 것 같은 날도 많았고 몸은 젓가락처럼 말라만 갔다. 중학생의 약한 체력과 정신으로 버티기 힘들었지만 매월 받는 월급에서 1원 하나 손대지 않고 엄마에게 드렸고 그때마다 정말 좋아하시는 모습을 볼 수 있었다. 가끔은 떡볶이라도 사먹을 돈을 월급에서 빼고 엄마에게 가져다 드릴까도 싶었지만 학교에 계속 다닐 수 있게 해주신 것이 너무 고마웠고, 아버지 유언도 있었기 때문에 고개를 절레절레 저었다.

'아버지가 엄마에게 잘못하고 가신 것이 후회가 되셨는지 나한테 잘하라고 했는데 이런 마음을 먹으면 안되지. 어머니는 평생 아버지에게서 월급봉투 한 번 못 받아 보셨는데 나라도 드려야지.'

그렇게 매번 마음을 다잡지만 가끔 집에 돌아오는 길 저 멀리서 빛나는 십자가를 보면 서러워 눈물이 났다. 돌아가신 아버지도 보고 싶고, 일을 하면서 마음을 다치는 것도 힘들었으며, 항상 피곤에 절어 다니는 내 몸도 힘들었다. 어릴 때에는 그 누구의 도움도 없이 교회를 갔건마는 이제는 교회에 가지 못하고 이렇게 바라만 보는 것도 서러웠다. 특히나 등록금을 내지 못해서 선생님에게 불려가 한껏 혼나고 오는 날은 더욱 그랬다.

선생님은 기가 막혀하며 말씀을 이어가셨다.

"아니, 화숙아 나는 정말 도대체 이해가 안 간다. 다른 애들은 집에 돈이 없어서 학비를 못낸다 치자. 그런데 너는 왜 그러냐? 돈을 버는 애가 그것도 은행씩이나 다니는 애가 돈이 없다고 학비를 안 가져온다는 게 그게 말이 되냐?"

"죄송합니다. 선생님. 어떻게든 꼭 가져오겠습니다. 오늘만 좀 봐주세요."

나는 고개를 푹 숙인 채 애원했다.

"아니 화숙아, 이게 한 번이면 나도 말을 안하지. 그런데 너는 매번 이러잖아. 매번. 아니 어떻게 매번 학비를 낼 때마다 돈이 없다고 학비를 안내고 공짜로 다니려고 하냐. 사람이 양심이 있어야지"

이런 말을 들으면 눈물이 왈칵 쏟아졌다. 선생님 말씀은 하나도 틀리지 않았다. 배우려면 돈을 내야 한다는 것은 분명 맞는 말씀이었지만 나는 양심이 없는 사람이 아니었다. 아버지가 절대로 남의 집에 가서 1원 한 푼도 가져오지 말고, 정직하라고 해주신 말씀을 하늘처럼 지키며 살려고 했던 나였는데 매번 이렇게 양심 없는 사람 취급을 받는 것이 억울했다.

처음 일을 시작한 이후로 단 하루도 결근하지 않고 일을 했고, 매달 급여를 받고 있었지만 학비를 제대로 납부한 적이 없었다. 급여는 매번 받은 그대로 아버지 말씀처럼 엄마에게 단 1원도 손대지 않고 드렸지만, 엄마는 내 학비 마련에 관심이 없으셨다. 아니 학비는 고사하고 내가 학교 다니던 12년간 단 한 번도 따뜻한 도시락을 싸

주신 일이 없었다. 부산시절에는 가난해서 집에 밥이 없어서 그랬다고 하지만, 서울에 올라와서 오빠가 돈을 벌어 집에 쌀이 있을 때에도 도시락은 나와 상관없는 단어였다. 항상 있던 일이라 그냥 무덤덤해질 만도 하건만 가끔씩 마음에서 싸한 서운함이 올라오곤 했다.

결국 학교는 다니고 싶었고, 양심도 있는 사람이니 학비를 마련해야 했다. 머리를 굴리고 굴린 끝에 궁하면 통한다고 찾아낸 방법이 있었다. 그 당시 은행에서는 점심식사를 하지 않고 도시락을 싸와서 먹는 직원에게 약간의 부식비를 주곤 했는데, 나는 회사 밥을 먹지 않고 그 돈을 모았다. 그리고도 모자라는 돈은 청소하시는 아주머니에게 약간의 이자를 드리기로 하고 빌려서 학비를 내곤 했다. 그리곤 다시 부식비가 나오면 아주머니에게 이자와 함께 갚고 다시 돈을 모았다. 방법은 찾았지만, 돈이 모이는 것에는 시간이 걸리기 때문에 매번 제때에 납부하지 못하고 늦어서 선생님께 불려가 혼이 나는 일을 피할 수는 없었다.

이런 방법을 터득하고 나자 친한 친구들에게 가끔 떡볶이를 사는 등 인심도 베풀 수 있었다.

그런 친구들 중에 한 명이 글라라(세례명)라고 단짝 친구가 있었는데, 우리는 하루라도 안보면 큰일이 날 것처럼 붙어 다녔다. 글라라는 내가 무엇인가를 사줄 때마다 미안해했었다. 그리고는 가끔 오빠가 돈을 부쳐준다면서 나를 데리고 우체국에 가는 날이 있었는데, 여태껏 얻어먹은 것 갚는다며 맛있는 냉면을 사주곤 했다. 그렇게 먹어본 냉면이 얼마나 맛있었는지 지금도 그 냉면 맛이 생각난다. 생각해보니 그때까지 누군가 나에게 무엇을 사주는 것을 경험한 일이 없었던 것 같아 그 친구에게 한없이 고마웠다. 사실 그녀에게 고마운 것은 그 뿐이 아니었다. 중학교 때 우리 아버지가 돌아가셨을 때, 같은 반 친구들과 함께 장례식에 조문도 와주었었다. 우리 아버지가 외롭게 떠나는 장례식에 와준 것은 두고두고 잊을 수 없었고, 고마움이 내 마음에 또렷이 각인되었다.

4. 자살시도

어렵사리 고등학교를 졸업한 후 앞으로 무엇을 해서 먹고 살 것인지 고민이었다. 엘리베이터 걸을 계속 할 수는 없겠다는 생각이 들었다. 다행히도 그 당시는 오빠가 가방공장을 경영하면서 어느 정도 자리를 잡아가고 있었지만, 오빠에게 기대어 살 수는 없다고 생각했다. 그러던 차에 동양방송에서 연기자를 공채로 모집한다는 소식을 들었다.

지금은 사라져버렸지만 동양방송은 1964년 개국해서, 드라마에 많은 공을 들이면서 공채 탤런트를 꾸준히 선발하고 있었다. 당시 텔레비전이 지금처럼 집집마다 보급되지 않았었음에도 불구하고 시청률이나 인기는 요즘 사람들이 깜짝 놀랄 만큼 뜨거웠다. 당연히 인기 탤런트의 경우 참 호화로운 생활인 것 같아서 항상 빈곤했던 내 삶을 탈출하기에 딱 맞는 직업이라는 생각이 들었었다. 사실 그것은 내 꿈이었다.

"윤숙아 언니가 하나 둘 셋 하면 얼른 뛰어 들어가야 해"

나와 윤숙이는 어린 시절 영화가 너무 보고 싶었지만 영화표를 살 돈이 없었다. 그래서 부끄러운 고백이지만, 극장에 서서 눈치를 보고 있다가 어른들 틈에 끼어서 얼른 극장 안으로 뛰어 들어가 사람들 틈으로 숨곤 했었다. 어떤 날은 극장 직원에게 걸려서 목덜미를 잡혀 쫓겨나고 집으로 돌아가야만 하는 날도 있었다. 하지만 몇 번쯤은 성공해서 영화를 볼 수 있었는데, '저 하늘의 슬픔' 이라는 유명한 영화를 보며 엉엉 울었던 기억이 난다. 용복이라는 소녀 가장이 엄마는 계시지 않고 병든 아버지와 동생들과 함께 사는 내용이었는데, 용복이의 슬픔이 내 마음에 고스란히 전달되어 나 역시 슬픔을 가눌 길이 없었다. 그 영화를 본 후 매일 영화의 한 장면을 연습하곤 했다. 물론 상대역은 윤숙이었다.

"니 밥 묵은나"

"아직 안 묵었다. 행님아 니는 밥 묵은나, 배고프다"

"윤숙이 이 가시네야, 이 장면은 슬프게 해야지. 밥을 못 먹어 배고프다고 하믄서 그렇게 귀찮은 듯 말 하믄 우짤끼고. 다시 쫌 잘해 봐라"

"언니 이거 언제까지 하나?"

"언니가 커서 영화배우가 되어 돈을 많이 벌어야하니깐 연기연습을 해야 하는기라."

하며 윤숙이를 채근해서 연습을 하는 날이 많았다. 그날부터 배우가 되겠다는 것은 내 꿈이고 또 윤숙이의 꿈이었다.

은행에서 엘리베이터 걸로 일하면서 사람들이 지나가는 말로 예쁘다고 해주는 칭찬에 용기도 얻었다. 사실 이렇게 말하면 사람들은 웃겠지만, 내가 봐도 내 얼굴은 참 예뻤다. 거울을 볼 때마다 참 만족스러웠고, 얼굴로 출세를 해보리라 생각하기도 했었다. 내가 고전적으로 청순하고 아름다운 미인상은 아니지만 불같은 성격답게 개성 있는 얼굴과 연기는 할 수 있을 것이라고 생각했다.

그런 호기가 통했는지 1차에는 합격을 했다. 내 대신 발표를 보러갔던 윤숙이가 뛸 듯 기뻐했었다. 2차를 준비하라는 통보를 받고, 당연히 될 것이라 생각하고 1차와 마찬가지로 호기롭게 갔던 나는 연기력 부족으로 고배를 마시고야 말았다. 어릴 적부터 내 꿈이었고 또 윤숙이의 꿈이기도 했기에 우리 둘다 낙담과 실망으로 여러 날을 지났었다.

탤런트에는 떨어졌으니 무엇을 할까 싶던 차에 마침 주택은행에서 입사 시험이 있었다.

당시 은행은 컴퓨터와 같은 전산작업이 정착되어 있지 않았고, 주판으로 계산을 할 때라서 상업고등학교를 졸업한 학생들에게 정식 입사의 기회가 열려있었다. 나는 마침 상업고등학교를 졸업하기도 했고, 엘리베이터 걸로 성실하게 일을 해왔기 때문에 간단한 시험만 치루고 정식으로 은행원이 될 수 있었다.

우리 집에는 경제활동을 한 사람이 없었고, 오빠가 일을 하기는 했어도 공부와는 상관없이 공장에서 기술을 배운 것이었기 때문에 은행에 입사한 것이 꿈만 같았다. 정말 말 그대로 가문의 영광이었다. 엘리베이터 걸로 일할 때에는 은행원으로 일하는 저런 사람들은 얼마나 잘나서 저렇게 되었을까 싶었는데, 이제는 나도 은행원이 되어서 엘리베이터 걸이 도와주는 엘리베이터를 타고 사무실을 올라다녔다.

감회가 새로웠다. 은행원이 되어보니 급여는 제법 많았고, 2개월에 한 번씩 상여금까지 받았다. 우리 가족 생계를 꾸려가기 충분한 돈이었다. 이럴 때 아버지가 계셨더라면 얼마나 좋았을까 싶었다. 내가 돈을 벌게 되었으니 이제는 아버지가 드시고 싶은 것을 마음대로 사드릴 수 있었을 텐데, '왜 아버지는 그 새를 못 참고 그렇게 일찍 가셨을까. 매일 배만 곯고, 그 맛없는 술만 드시다가 이 좋은 날을 못 보시고 그렇게 일찍 가셨을까…' 마음이 아팠다. 저 세상에서는 맛있는 것을 드시면서 좀 편하게 지내고 계실까 생각도 했다. 이런 마음이 들수록 아버지에게 못해드린 것 엄마에게 배로 더 잘해드려야겠다고 다짐하고 또 다짐했다. 어머니는 내 급여의 액수가 커지자 월급을 가져다 드리는 날 함박만한 웃음도 커지셨다. 이제야 드디어 그 지긋지긋하던 가난이 나를 떠나가는구나 싶었다.

하지만 그건 너무 성급한 내 착각이었던 것 같다. 오랫동안 일을 하면서 너무 지쳤고, 이제는 쉬면서 결혼을 준비하고 싶다는 내 뜻을 내비치자 어머니는 펄쩍 뛰셨다.

"저축한 것도 없고 남은 것도 없다. 한 푼도 없다! 시집은 무슨 시집! 철딱서니 없이. 그 좋은 직장을 왜 그만둬? 그걸 니 힘으로 들어갔어? 내가 넣어줬지? 누구 맘대로 그만둬?"

"뭐라꼬? 평생 내가 엄마한테 손 한번 벌린 적 있드나? 내가 중학교때부터 22살이 되는 지금까지 8년을 쉼 없이 일해가지고 엄마 다 갖다 줬잖아! 1원 한 푼 안 쓰고 가져다 줬잖아! 근데 뭐? 한 푼도 없어? 엄마 지금 그게 말이 되나?"

"몇 번을 말해야 알아듣나! 없다고! 니 줄 돈은 일원 한 푼도 없다고!"

"어딨는데? 내가 벌어왔던 그 돈 다 어딨냐고!"

"없다고, 몇 번 말해야 알아들어, 없다고!"

처음에는 믿지 않았다. 그래도 있겠지. 엄마가 말씀은 저렇게 하시지만 그래도 나를 위해 무엇인가 하고 계셨겠지 싶었는데 아니었다.

엄마에게는 나를 위한 아무것도 없었다. 내가 써보지도 못한 그 돈들은 사라져버리고 없었다. 그 순간 마음이 와르르 무너졌다. 아버지는 내게 절대로 뒤를 돌아보지 말고 내 갈 길을 가라고 했지만 그 날은 그 가르침을 따를 수가 없었다.

22년 동안의 내 인생을 뒤돌아보니 너무 기가 막히고 서러웠다. 초등학교에 들어가면서부터 연탄과 벽돌을 나르면서 번 돈으로 허기를 채웠으며, 그래도 채우지 못한 허기는 온 산과 밭을 헤매며 땅에 남은 뿌리와 나무 열매로 채웠었다. 아버지를 많이 사랑했고 존경했지만 윤숙이만 편애하셔서 항상 마음 한 구석은 시렸었고, 엄마는 내게 관심이라곤 보여주질 않으셨다.

그래도 어떻게든 사람답게 살고 싶어서 주경야독 하며 학업을 이어갔고, 가끔 예쁘고 맛있는 것도 사먹고 싶지만 엄마에게 잘하라는 아버지의 유언을 지키기 위해 참고 또 참으며 최선을 다했다. 도시락 한 번 챙겨주지 않으셔도, 학비 한 번 안주셔도 내게 관심이 없는 것은 아니라고 그렇게 믿고 있었는데, 말씀은 없으시지만 나를 위해 무엇인가 준비하고 계실 것이라고 믿었는데 아니었다. 엄마에게는 내게 무엇인가 해주어야 한다는 마음조차 없었다는 생각이 들었다.

'나는 그동안 가족에게 무엇이었나. 엄마에게 무엇이었나, 나는 그저 돈을 벌어다 주는 기계였을 뿐이구나, 건강하고 체격이 좋아서 시키는 일을 척척 해내고 생전 아프지도 않는 건강한 기계였구나' 싶었다. 사랑받지 못하고 산 세월이 너무 억울하고 서러웠고 인생이 너무 피곤해서 쉬고 싶었다. 나는 도대체 왜 태어나서 이렇게 힘든 삶을 이어가고 있는 것일까? 누군가는 저 세상에 가보면 그 이유를 알게 된다고 하는데 그렇다면 좀 빨리 가서 그 이유를 빨리 알면 안되는 걸까 싶기도 했고, 저 세상에 가면 착한 일을 하고 산 사람은 보상을 받는다는 데 고생 그만하고 이제 그만 편하게 쉬면서 보상을 받아보고 싶기도 했다.

그 다음날 은행에 가서 사직서를 내고 돌아다니다가 약국이 눈에 보이기만 하면 들어가 수면제를 조금씩 샀다.

하루에도 수개의 약국을 돌았고, 그렇게 며칠이 지나자 모아진 수면제의 양이 제법 많아졌다. 수면제의 양이 한 손에 가득 찼을 때, 아무 미련 없이 그 모든 것을 한 번에 입안에 털어 넣었다. 몸에 있던 기운이 하나하나 빠져나가는 것 같으면서 몸이 나른한 것이 차분해지고 잠이 왔다. 이렇게 끝나나 싶으니 눈물도 나고, 여러 생각이 스쳐갔다. 오렌지 젤리를 쭉쭉 빨아먹던 윤숙이도 보이고, 어릴 때 교회에 앉아 찬양을 하다가 뒤에서 누가 나를 보는 것 같아 자꾸만 뒤를 돌아보던 내 모습도 보였다. 아버지가 일을 하시고 쌀을 팔아오시던 날 동네 길목에서 내 이름을 부르며 걸어오시자 아버지에게 달음박질해서 달려가는 내 모습도 보였다. 하지만 그런 것도 잠시 곧 모든 것이 몽롱해졌다. 이게 죽음이구나 싶었다. 아버지도 이런 기분을 느끼셨겠구나, 죽으면 아버지를 만날 수 있을까 싶더니 이내 모든 생각이 끊겼다.

잠시 후 다시 머릿속에 불이 켜졌다. 살아있을 때와 기분이 별로 다르지 않아 죽음도 별것이 아니구나 싶었다. 그리곤 병원인 것을 알았다. 내가 쓰러져있는 것을 엄마가 발견해서 병원으로 옮기셨던 모양이다. 평생 관심 한 번 안주더니만 이제는 내가 평안하게 쉬는 길마저 방해하는 엄마가 미워 병원에 누워있고 싶지도 않았다. 생명은 붙어있고, 숨은 쉬고 있지만, 살아도 사는 것이 아니었다. 살아야 할 의미가 없었다. 돈도 싫었다. 죽을 수가 없다면 어떻게든 이 무의미한 집에서 도망을 치고 싶었다.

아직 정상으로 완쾌되지도 않은 몸이었지만 무작정 짐을 챙겨 집을 나왔다. 엄마가 나에게 갈 곳이나 있겠느냐며 나갈 테면 나가보라고 집 귀한 것을 모르고 철이 없다고 소리 지르시기에, 절대 안돌아온다고 큰 소리치고 나왔지만 정말 나는 갈 곳이 없었다. 내 수중에는 하루 밤을 지낼 돈 한 푼이 없었고, 길거리에서 잘 수는 없었다. 너무 막막해서 그저 한없이 걷고 또 걷던 차에 내게 처음으로 냉면을 사주었던 내 단짝, 고등학교 동창 글라라가 생각났다. 아버지 장례에도 와주었던 친구, 글라라는 가족이 다 뿔뿔이 흩어져서 혼자 자취하며 살고 있다고 했던 말이 기억났다. 염치불구하고 그 친구를 찾아갔다.

글라라 앞에서 한참을 울었다. 돈이 없어서 서러운 것이 아니라 그냥 내가 사람대접 받지 못하는 나무토막 같다는 생각이 들었다. 나도 먹고 싶은 것이 있었고, 놀고 싶은 적도 있었으며, 싫고 부끄러울 때도 많았는데 왜 나는 그런 것을 다 참으면서 살았을까. 남들 엄마는 자식을 위해서는 무엇이라도 한다는데 왜 우리 엄마는 나에게 그렇게 무심했을까 서러웠다. 엄마보다 중학교 때부터 하루도 빠짐없이 내 옆에 있어주었던 친구가 더 의지가 되는 것 같았다. 그렇게 며칠 동안 눈물 콧물 쏟아내고 나니 친구 방에 있는 것들이 눈에 들어왔다. 책상에 놓인 남자 사진도 눈에 들어왔다. 워낙 방이 단출해서 별 것 없던지라, 그 사진을 아침과 저녁으로 보았더니 참 친근하게 느껴졌다. 그 사진의 주인공은 월남전에 참전하고 있는 친구의 오빠라고 했다.

친구를 워낙 좋아했기 때문이었는지 사진 속에 남자에게도 호감이 갔고, 친구는 내 진정한 위로자라고 생각했기 때문에 사진을 물끄러미 보다가 친구를 향해 중얼거렸다.

"우리가 영원한 친구가 되어 헤어지지 않으려면 내가 너네 집에 시집을 가면 되겠다. 그치?"

"뭐? 우리 집이 얼마나 가난한데. 너 우리 집에 와서 살 수 있겠어?"

"까짓 거 가난이 대수야?"

진지하게 생각하거나 그 오빠를 만나보지도 못했으면서 나는 이런 말을 내뱉었고, 정말 그 말은 현실이 되어버렸다.

함께 지내던 어느 날 그 오빠가 서울에 온다며 함께 만나러 나가자고 하기에 글라라를 쫄랑쫄랑 따라 나갔다. 그녀의 오빠는 우리보다 10살이 많아서 제법 성숙해보였고, 까맣게 그을린 얼굴에 키도 제법 컸고 체격도 다부져 보였다. 얼굴이 잘생긴 것은 아니지만 웃는 아저씨 인상이었고, 밥을 먹을 때 보니 자상하기까지 했다. 길을 걸어갈 때 차에 다칠까 우리를 안쪽으로 밀어 넣어주고는 자신이 바깥에 서는 모습이나, 맛있는 것 있으면 내 앞으로 반찬을 밀어주는 등 평생 처음 맛보는 친절과 배려를 경험했다. 이 사람이 전쟁터에서 번 돈으로 글라라가 냉면을 내게 사주었으니, 결국 냉면을 사준 사람도 이 사람이 처음이고, 내게 이런 호의를 보여준 사람도 이 사람이 처음이었다.

이 사람이다 싶었다. 나를 돈 버는 기계로 아는 집에서 나를 건져줄 사람, 사람답게 대해줄 사람은 오직 이 사람이고, 내가 사람답게 사는 길도 오직 이 사람과 결혼하는 길이다 싶었다. 더구나 나는 글라라와의 우정이 너무 소중했고, 이 사람이랑 결혼하면 글라라와도 평생 헤어지지 않고 가족으로 묶일 수 있다는 것도 너무 좋았다.

다만 그는 너무 가난했다. 아버지는 계시질 않았고, 어머니는 남의 집에서 가사를 도우시며 근근이 밥만 얻어먹고 사는 처지셨다. 그는 전기기술을 가졌다는 것 외에는 아무 자랑할 것도 가진 것도 없었다.

하지만 나는 그래도 괜찮다고 생각했다. 예전에 가난해봤고, 한 번 겪어봤는데 두 번 못 겪을 것 없다고 결혼하자고 했다. 이 남자의 자상함이 좋아서이기도 했지만 엄마가 있는 그 지긋지긋한 집과 삶에서 탈출하고 싶었다. 집에서 공식적으로 탈출하기 위해서는 이 남자 외에는 길이 없었다. 하지만 그는 어머니의 반응을 걱정했고, 어머니는 역시나 기암을 하셨다.

"뭐? 뭐라고? 전기쟁이? 아이고 야, 집은 찢어지게 가난하고, 학교 다닌 것도 변변치 않은데, 뭐? 뭘 한다고? 결혼? 니 미쳤나? 니가 뭐가 모잘라서 그런 놈한테 시집을 가나?"

"나는 뭐 잘났나? 내가 벌어놓은 돈이 있나 뭐가 있나? 엄마 그 사람 무시하지 마라! 그래도 내 한테 그렇게 잘해준 사람 세상에 없다! 엄마보다 낫다!"

"그니까, 은행을 왜 멋대로 그만두고 난리꼬! 거그 그대로 있었으믄 돈 많은 남자 만나 호강하고 살긴데, 못났다. 못났어. 참으로 못났다!"

"사람이 그까짓 돈 없음 못사나?"

"그래 너 어디 살아봐라. 돈 없이 살 수 있나"

우리는 정말 돈 없이 살아보기 시작했다.

돈 없이 살아보라던 엄마의 말은 말로만 그랬던 것이 아니라 정말 내게 1원 한 푼도 주지 않았다.

나는 결혼식은 고사하고 수저 젓가락 하나 혼수로 받지 못했다.

하지만 남편이 있고 울타리가 생겼다는 것에 행복했다.

남편은 어렵게 방 한 칸을 구했고 사과 궤짝을 밥상으로 가져다 놓았다. 쌀밥을 배불리 먹을 수 없었지만 감자를 먹어도 고생이리 생각하지 않았다. 가난했고 힘들었지만 남편을 만난 것에 후회는 하지 않았다.

남편은 성실하고 자상한 사람이었다. 도매 시장에 가서 옷감을 사와서 내 옷을 만들어 입혀주었고, 여유만 있다면 맛있는 음식도 만들어서 내게 가져다주는 사람이었다. 그 뿐 아니라 손재주도 좋아서 못하는 것이 없었다. 남편은 가전제품 수리공이라는 직업이 있었고, 술을 먹는다거나 헛돈을 쓰지 않았으며 성실했지만 시간이 흘러도 우린 여전히 가난했다. 가난이 그의 잘못도 아니건만 남편은 내게 항상 미안해했다. 나는 그래도 괜찮았다. 둘이 너무 좋아서 만났고, 함께 있으니 행복했으며 우리 사이에는 너무 예쁜 아들과 딸도 태어났다. 돈이 없으니 변변한 산후조리도 못했었다. 다른 집은 친정 엄마가 와서 미역국도 끓여주고 연탄도 들여 준다는데 우리 엄마는 그렇게 시집간 내가 미운지 감감무소식이었다. 그래도 괜찮았다. 엄마의 빈자리를 자식으로 채웠고 행복했다. 내 품에 파고드는 자식들을 보며 너무 사랑스러울 때마다 엄마가 생각났다. 엄마도 나를 볼 때 이러셨을까? 궁금했다. 그때 약을 먹고 죽었더라면 이 행복을 몰랐을 텐데, 살려주신 어머니에게 고마웠다. 하지만 이 행복도 그리 오래가지는 못했다.

뒤돌아 생각해보면 참 신기한 일이다. 초등학교 때 부모님의 부부싸움으로 밤잠을 이루지 못한 다음날은 곧잘 학교에 결석을 하곤 했고, 엄마에게도 꽤 순종적인 딸이었는데 그때는 무슨 생각으로 고등학교는 마치고 싶다고, 야간이라도 가게 해달라고 졸랐는지 모르겠다. 아마도 하나님께서 내 생각을 인도해주셨던 것은 아닐까 싶다. 물론 그 때 나는 하나님을 가까이 느끼지 못하고 살았으며 삶이 서럽고 힘들었다. 이전에도 가난했지만 그때는 아버지도 계셨고, 영적 아버지인 하나님도 내 삶에 계셨는데 이때는 나 혼자였다. 그래서 인간적으로는 성실하고 착한 삶을 살았고 인내했지만 그 끝이 슬픔이고 절망이었는지 모르겠다. 사람의 삶이란 스스로는 완전해질 수가 없다. 우리는 모두 하나님이 필요하다.

"너는 아직 젊을 때, 곧 고난의 날이 오기 전에, 아무 낙이 없다고 말할 때가 되기 전에 너의 창조자를 기억하라"(전도사 12:1)

제3장

나를 찾아오신 하나님

1. 다시 교회로

"새댁 오늘은 정말 한 번만 가보자. 응?"

방을 치우고, 남편의 기름 묻은 옷이며 아들 기저귀를 열심히 빨고 있는데 주인집 아주머니가 자꾸 교회에 가자며 조르는 것이 며칠 째였다. 나도 한때 교회에 다닌 적이 있긴 하지만, 그건 어릴 때 이야기고 먹고 사느냐 바빠 잊고 산지 벌써 10년이 되었다. 교회는 어린 애들이나 가거나, 먹고 살기 편한 사람들이나 다니는 곳이지 나 같은 사람이 무슨 교회인가 싶어 매번 답을 피하고 웃기만 하고 넘겼다. 그런데 그날은 아주머니가 좀처럼 포기하지 않고 내가 빨래 하는 옆에 바짝 서서 전혀 움직일 생각을 하지 않으셨다.

"오늘은 부흥회 마지막 날이라니까? 새댁 고생하는 게 내가 너무 마음 아파서 그래. 한 번만 가자!"

매번 웃음으로 넘기는 것도 한 두 번이지 어른이 그것도 주인집 아주머니가 저렇게 말씀하시는 데 일단 한 번은 따라가고, 그 다음에는 아무래도 못가겠다고 말씀드려야겠다는 생각이 들어 빨래를 널고 아주머니를 따라나섰다.

부흥회라 교회 분위기는 매우 뜨겁고 활기찼지만 오랜만이라 그런지 그런 분위기가 다소 적응이 안되고 어색해서 맹숭맹숭하게 앉아있었다. 강단에서는 목사님께서 말씀을 전하고 계셨는데, 별로 귀에 들어오지도 않고 그저 애들은 잘 있는지 남편이 올 때가 된 것은 아닌지 염려가 되었다. 그렇게 이런 저런 생각에 빠져있는데, 목사님께서 말씀을 마치시고 통성기도를 하자고 하시니 여기저기서 사람들이 소리를 지르고 통곡을 하며 기도하기 시작했다. 기도를 하려면 조용하게 해야지 저렇게 소란스럽게 왜 이 야단인가 싶어 벌떡 일어나려다가 이왕 온 것 예배는 다 드리고 가야지 다음번에는 아주머니가 교회에 가자고 조르셔도 할 말이 있을 것 같아서 조금만 더 버티자 하며 눈을 감고 가만히 앉아있었다.

그런데 갑자기 내 입이 저절로 움직이며 알 수 없는 단어를 정신없이 쏟아내기 시작했다. 그 뿐이 아니었다. 내가 심하게 통곡을 하며 울고 있었다.

그리고 갑자기 눈앞에 큰 스크린이 펼쳐졌다.

그 스크린에 그동안 내가 살아온 인생이 파노라마처럼 스쳐갔다.

악한 일들이 많았다. 정말 아무도 모르는, 나조차도 잊고 있던 악한 것들이 너무 확연하고 선명하게 내 눈앞에서 또박또박 벌어지고 있었다. 변명 같은 것은 할 수도 없었다. 용돈을 벌기 위해 옆집 아이를 봐주다가 아기가 너무 울어 힘에 부치자 미운 마음에 아기 종아리를 몰래 꼬집는 모습도 보이고, 고등학교 졸업하고 술 마시고 방황하는 모습도 보이고, 외모로 인한 교만 때문에 마음으로 지었던 갖가지 죄도 훤하게 들여다보였다.

너무 창피하기도 하지만 누가 나를 저렇게 빠짐없이 지켜보며 기록하고 있었나 싶어 두렵기도 했다. 나는 그 동안 살면서 아버지 가르침 때문에 남에게 손해 끼치지 않고, 엄마에게 돈만 벌어다 주면서 하고 싶은 것도 못하고 성실하고 착하게만 살아왔다고 생각했는데 그게 아니었다. 세상에 나만큼 못되고 악한 사람이 없었다. 도대체 이 죄를 어떻게 해야 할지 마음이 괴로워 죽을 것 같고 아무리 바닥을 치며 후회해도 지나간 그 일을 되돌릴 수 없다는 생각에 가슴이 터질 것 같았다. 내 입에서는 누군가를 향해 잘못했다고 용서해달라고 제발 용서해달라고 중얼거리고 있었고, 내가 지은 죄가 너무 괴로워 가슴을 치며 울고 있었다.

그때였다. 누가 내게 말을 걸었다.

"나는 너의 죄 때문에 죽은 예수다. 네 죄는 사함을 받았으니 이제부터는 너 혼자가 아니다. 이 세상 끝날 때까지 너와 함께 있을 것이다"

깜짝 놀라 눈을 뜨니 공중에 나를 향하고 있는 손 하나가 보였다.

내 손을 내밀어 그 손을 향해 뻗었다.

마음이 터질 것 같았다.

죄를 지은 것은 나인데, 왜 예수님이 내 죄 때문에 죽어야 했나?

내 죄가 어떻게 없어지는 것일까?

예전에 그 독생자를 주셨다는 그것이 지금 이 손을 뻗고 있는 그 예수님인 것인가?

그 독생자가 나 때문에 죽었던 말인가?

괴롭고도 마음이 벅찼다. 언제나 외로웠던 인생 알고 보니 내가 힘들어 예수님을 잊고 살았을 뿐 그분은 내가 돌아올 때까지 기다리고 계셨구나 생각하니 더 이상 외롭지 않았다. 내 인생 그렇게 슬프고 서러운 인생이 아니었고 충분히 살아야 할 이유가 있었다.

너무 감격해서 울었다. 어깨를 들썩이며 눈물과 콧물이 범벅이 되어 창피할 정도로 울었다. 그때 나는 예수님을 구세주와 주님으로 믿게 되었고, 주님은 내 안에 들어 오셨다.

정신을 차리고 주변을 돌아보니 교회 안에 앉아있는 것은 나 혼자 뿐이었다. 나를 교회로 데리고 갔던 그 주인집 아주머니도 계시질 않았다. 깜짝 놀라 눈물로 범벅이 된 얼굴을 대충 훔치고는 밖으로 뛰어나오는데 목사님께서 나를 배웅해주셨다. 그리고는 성령세례를 받았으니 앞으로 열심히 신앙생활을 하라며 빙그레 웃어주셨다. 알겠다고 답하고는 교회 문을 나서는데 어릴 때 불렀던 그 찬양이 생각났다.

"참 아름다워라 주님의 세계는 저 솔로몬의 옷보다 더 고운 백합화. 주 찬송하는 듯 저 맑은 새소리 내 아버지의 지으신 그 솜씨 깊도다."

어릴 때도 이 찬양을 부르기는 했지만 세상이 정말 아름답다고 생각하며 불렀던 것 같지는 않았다. 그런데 주님을 만나고 교회 밖을 나서는 순간 이 찬양이 너무 감격스러웠다. 정말 이 세상은 이제까지 내가 보았던 그런 세상이 아니었다. 하늘도 땅도 새로워 보이고 공기마저도 너무 좋았다. 사람으로 태어나 이런 것을 누릴 수 있다니 그저 감사하고 기뻤다. 사람이 도대체 무어라고, 수없이 많은 죄를 지어서 그분의 마음을 상하게 할 뿐인데 어쩌면 이런 세상을 우리에게 준비해주셨을까 싶었다. 몸은 새털처럼 가볍고 기쁘기가 한량없었다. 세상이 천국과도 같았고 이렇게 살다가 죽어도 여한이 없을 것 같았다. 가슴이 터질 것 같은 이 일을 얼른 집에 가서 남편에게 알려줘야겠다고, 이 일을 들으면 얼마나 신기해할까 생각하며 정신없이 뛰어왔다.

하지만 그건 나만의 생각이었다. 집에 와보니 난리가 나있었다. 온다간다 말도 없이 몇 시간이나 집을 비웠으니 그럴 만도 했지만 진짜 이유는 따로 있었다. 알고 보니 시댁은 불교집안이었고, 시누이는 청주에서 큰절을 운영하고 있었고 남편은 스님이 되려고 훈련을 받았던 사람이었다고 했다.

나는 이 사람이 좋기도 했지만 내 지겨운 삶의 탈출구라 생각해서 급하게 결혼을 하면서 그 집안이 어떤 집안인지 형제가 몇이나 있는지 모른 채 결혼을 했었다. 남편은 너무 좋은 사람이었지만 교회만은 아니 예수만은 절대로 용납이 안 되는 사람이었다. 그건 그에게도 그 집안에도 절대 있을 수 없는 일이었다. 부처는 자비심이 많아 다 포용할 수 있지만 예수만은 안된다 했고, 나는 예수만 있으면 살 것 같았다. 그날부터 나는 몇 년을 살면서 단 한 번도 보지 못하던 남편의 새로운 모습을 보기 시작했다. 남편은 단호했다.

"우리 집은 불교이고, 나는 교회 자체를 싫어하는 사람이다. 다른 것은 다 되는데 예수만은 안되니까, 교회 다닐 생각은 꿈에도 하지 말아라."

하지만 나는 예수님이 너무 좋고, 알리고 싶어 가슴에 불덩이가 이글거렸다. 새벽이고 낮이고 밤이고 예수님만 생각이 났고, 새벽에 일어나 교회에 가서 기도를 하는 것은 내 기쁨의 시작이었다. 이렇게 좋은 이야기를 사람들이 모른다는 것이 너무 안타깝고 알려주지 않고는 내 자신이 견디어 낼 수가 없었다. 그 당시 내 마음같은 성경구절이 여기 있었다.

"나병환자들이 그 친구에게 서로 말하되 우리가 이렇게 해서는 아니되겠도다. 오늘은 아름다운 소식이 있는 날이거늘 우리가 침묵하고 있도다. 만일 밝은 아침까지 기다리면 벌이 우리에게 미칠지니 이제 떠나 왕궁에 가서 알리자"(열왕기하 7:8)

당시 아람 왕이 사마리아를 에워싸서 식량 공급이 끊기자 이스라엘 사람들은 기근에 시달리고 있었고 자기 자식을 잡아먹는 끔찍한 사태까지 벌어졌다. 그런데 성문에서 굶주려 죽기를 기다리던 나병환자들이 이래도 죽고 저래도 죽을 바에야 일단 모험을 해보자 싶어 아람 왕 진에 들어가 보았는데, 무슨 일인지 아람 왕 진영은 모두 떠나고 텅 비어 있었다. 모든 것을 버려둔 채로 말이다. 이에 기뻐하며 뛰어 들어가 먹고 귀한 것을 숨기고 있다가, 성안에서 사람들이 굶주려 고통하는 것을 기억하며 하는 말이었다. 내 마음이 저려했다. 이 아름다운 소식을 모르는 사람에게 알려주지 않을 수가 없었다. 벌을 받을까봐서가 아니라 정말 너무 좋아 미칠 것 같았다.

남편에게는 절대로 안될 말이었다. 예수도 안되지만 여자가 새벽 댓바람에 교회에 간다는 것은 정말 미치지 않았다면 절대 할 수 없는 일이었다. 그는 내가 정말 미쳤다고 생각했던 것인지 그렇지 않으면 초장에 교회라고는 생각도 못하게 본때를 보여야 한다고 생각한 것인지 무섭게 변하기 시작했다.

술을 즐기지 않았고, 매사 성실했던 남편은 내가 주님을 영접한 그 날부터 술을 마시고 나를 괴롭히기 시작했다. 나는 아버지가 술 마시는 것을 보면서 너무 마음이 많이 상했던 사람이다. 이제는 남편까지 술을 마시며 나를 닦달하니 살 수가 없었다. 그 뿐이 아니었다. 아버지는 술을 드시고 엄마를 말로만 괴롭히셨지 결코 때리는 분은 아니셨다. 하지만 남편은 술을 마시고 와서는 내게 예수는 안된다고 절대 믿지 말라고 강요를 했다. 남편의 강요를 받아들일 수 없었다. 나는 무슨 일이 있어도 예수만은 믿어야겠다고 했고, 그런 내게 화가 난 남편은 나를 때리며 잠이 들기 전까지 밤새도록 괴롭혔다.

"니 한 마디만 해라. 예수를 버린다고 그 한 마디만 하라고! 예수를 버리고 불교로 가자. 예수는 안된다. 절대 안돼. 예수대신 부처한

나를 찾아오신 하나님 **75**

테 가자."

너무 자상했던 남편이었는데, 평생 처음 경험해본 그 자상함에 반해서 가난에도 주저하지 않고 결혼을 했는데 그는 변해있었다. 서럽기도 하고 도대체 예수가 당신에게 무엇을 잘못했기에 그러느냐고 한 번 따져 묻고도 싶었지만 남편의 완고함에 물어 볼 수도 없었다. 남편은 체격이 좋은 사람이라 한 대 한 대 내리치는 것이 너무 아팠다. 그런 나에게 남편은 소리를 질렀다.

"예수를 버린다 그 한 마디만 해!"

나는 예수님이 내 죄 때문에 죽었다고 했고, 나와 세상 끝날 까지 함께 한다고 했다. 그런 예수님이 너무 좋았다. 내 삶의 전부이고 구주라는 생각뿐이었다. 나는 의협심이 강한 사람이었고, 아버지가 배신당한 후 평생을 가슴 아파 하시는 것을 보면서 자랐다. 나는 절대로 그 누구도 배신하고 싶지 않았다. 더구나 나 때문에 죽은 예수님을 절대 배신할 수 없었다. 하나님은 가장 소중한 것, 절대로 줄 수 없는 것을 내게 주셨다.

그렇게 고난은 시작되었다.

남편은 술을 마시면 교회 다니지 말라며 괴롭혔고 예수가 싫다고 말하며 나에게도 강요했다.

"네 마음속에 있는 예수를 버려라!"

"나는 못한다!"

그 말에 남편은 화를 참지 못하고 방을 뛰쳐나갔다가 전기도구를 가지고 들어왔다. 남편은 전기기술자였고, 그 좋은 전기기술을 내 몸을 고문하는 것에 사용했다. 머리와 온 몸을 한꺼번에 경련과 마비시키는 것 같은 그 엄청난 통증이 나를 덮쳐서 정신을 잃게 되면 남편은 마당에 나가 다시 양동이에 물을 퍼 와서 내게 다시 끼얹고는 정신을 차릴 때까지 기다렸다. 수면제를 먹어도 죽지 못하던 내가 이렇게 죽나 싶었다. 정말 무섭다는 말 외에는 표현이 되질 않았다.

하지만 정신이 나갔는지 아무 생각이 들지 않았다. 전기의 충격이라는 것은 당해보지 않은 사람은 생각할 수 없는 것이었다. 그래도 예수를 버린다는 말은 할 수가 없었다. 나는 예수를 만난 그 순간 세상 모든 것이 버려졌다. 아무도 그만큼 나를 사랑해준 사람은 없었다. 도저히 그분을 버릴 수 없었다. 내가 할 수 있는 것은 매일 기도하며 우는 것뿐이었다. 그렇게 울다 지쳐 쓰러져있을 때에 하나님께서 내게 말씀을 주셨다.

"여호와는 가난하게도 하시고 부하게도 하시며 낮추기도 하시고 높이기도 하시는 도다. 가난한 자를 진토에서 일으키시며 빈궁한 자를 거름더미에서 올리사 귀족들과 함께 앉게 하시며 영광의 자리를 차지하게 하시는 도다. 땅의 기둥들은 여호와의 것이라 여호와께서 세계를 그것들 위에 세우셨도다. 그가 그의 거룩한 자들의 발을 지키실 것이요 악인들을 흑암 중에서 잠잠하게 하시리니 힘으로는 이길 사람이 없음이로다. 여호와를 대적하는 자는 산산이 깨어질 것이라 하늘에서 우레로 그들을 치시리로다. 여호와께서 땅 끝까지 심판을 내리시고 자기 왕에게 힘을 주시며 자기의 기름 부음

을 받은 자의 뿔을 높이시리로다 하니라"(사무엘상 2:7-10)

한나의 노래였다. 그녀는 남편의 사랑을 많이 받은 여인이었지만, 자식이 없는 슬픔과 고통 속에서 살며 남편의 또 다른 아내이자 자녀가 많은 브닌나에게 멸시를 받았다. 그 여인의 간절한 기도에 하나님은 사무엘로 응답하셨고, 한나는 기쁨으로 이 노래를 했다. 한나기 죄가 있어서 수태하지 못했던 것이 아니었듯 나도 역시 죄 때문에 이런 모진 일을 당하는 것이 아닐 거라는 생각이 들었다.

하나님은 한나의 슬픔과 기도에 놀랍게 응답하셨듯이 내 아픔과 기도에도 응답하실 것이며, 단 한 순간도 내게서 눈을 돌리지 않고 계시며, 은혜에 따라 인생을 역전시키기도 하실 것임이 믿어졌다. 하나님이 자녀인 나를 돌보듯 나 역시 울고만 있을 것이 아니라 자식들을 돌보기 위해 힘을 내야겠다는 생각이 들었다.

2. 감사 그리고 실망

남편은 이제 더 이상 나를 때리거나 하지는 않았지만 생활비를 주지 않았다.

내가 먹고 입고 쓰는 돈은 주기 싫다지만 자기 자식에게까지 왜 그러는 것일까 미웠지만 참았다. 그저 조금씩 애원해서 쌀을 팔고, 교회에 내 온 정신을 쏟았다. 전도지를 나눠주면서 사람들이 뭐라고 하건 노방전도에 열심이었고, 목사님께서 가정 심방을 할 일이 있다고 하면 그곳에도 열심히 따라나섰다. 노방전도에서 외면을 받는 일이 많았지만 내 말을 들어주는 사람이 있으면 신이 나서 예수님을 전했고, 심방에 따라가서 목사님과 여러 어른들의 이야기를 들을 때면 너무 신기하고 재미있었다. 기도해서 문제가 해결되었다거나 작은 기적이라도 일어났다는 이야기를 들을 때마다 나는 언제쯤이나 저런 경험을 해보고 사람들에게 자랑해볼까 싶었다.

그런 기회는 생각보다 빨리 그리고 자주 찾아왔다. 믿음이 있어서가 아니라 돈을 마련하지 못해서 아이들이 아파도 병원에 데리고 갈 수 없었기 때문에 기도했다. 아이들이 아파서 열이 불덩이처럼 오를 때도 기도했고, 마냥 설사를 할 때에도 기도했으며, 넘어져 다쳤을 때에도 기도했고, 팔이 빠졌을 때에도 대롱거리는 팔을 붙들고 기도하며 팔을 맞췄다. 그러면 정말 신기하게 아이들이 말짱해지곤 했다.

한 번은 아들이 탈장이 돼서 너무 아파할 때였다. 마음은 이미 아들을 들쳐 업고 병원으로 뛰어가고 있었지만 현실의 나는 그저 아이를 안고 몸부림치고 있었다. 아들은 서있어도 아파하고, 앉으면 더 쓰라리고 아파 어찌할 줄 몰라 몸을 제대로 가누지 못하면서 그냥 칭얼거렸다.

나는 간절히 기도했다. 우리 아들을 살려달라고, 못난 어미 때문에 이미 너무 많은 고생을 했으니, 제발 아프지 않게 해달라고, 하나님이 데려가시지 않고 내 옆에서 이렇게 함께 살게 해주신 것에 대한 감사 기도도 잊지 않았다. 그러다 보면 거짓말처럼 정상으로 회복되는 정말 말도 안 되는 일이 내 눈앞에서 벌어졌다. 그 순간마다 너무 감사했다.

기도가 응답되는 일이 너무 좋고 신기해서 이제는 기도 거리를 찾아다녔다.

기도가 재미있으니 교회 가는 것이 너무 좋고 목사님을 보는 것은 마치 하나님을 보는 것 같았다. 목사님이 시키시는 일은 그게 무엇이든지 몸을 사리지 않았다. 교회 건축을 한다고 하면 아들을 들쳐 업은 채 뛰어가 벽돌을 이고 지고 날랐으며, 식당에서 일손이 부족하다고 하면 그곳으로 뛰어가 인부들 밥을 해서 나르고 설거지도 했다. 교회 건물이 올라가는 것을 보면서 내 집을 짓는 것처럼 보기만 해도 배가 불렀다. 목사님을 비롯한 교인들은 남편의 핍박에도 불구하고 교회에 충성하는 나를 안쓰럽게 보시고는 무엇이라도 도와주려고 하셨다.

어느 날 교회 집사님께서 전을 많이 하셨다면서 나눠먹자며 놀러 오셨다가 결혼식 사진을 보여 달라고 하셨다.

"없어요."

"아니 왜?"

"돈이 없어서 결혼식 못하고 그냥 살았어요."

"아니 왜, 한참 예쁜 나이에 사진 한 장은 남겨야지"

하긴 나는 사진이 없었다. 어머니가 반대하는 결혼이기도 했지만 워낙 아무것도 없이 시작한 결혼생활이라 결혼식은 언감생심 꿈도 못 꿀 일이었다. 더구나 나는 감옥에서 탈옥하듯 앞도 뒤도 생각지 않고 그저 뛰쳐나왔기 때문에 결혼식은 생각도 못해봤다. 그래도 서운하다는 생각 없이 살아왔는데, 막상 집사님의 측은해하는 표정을 보니 나도 갑자기 서운해졌다. 그래 평생 그때 아니면 그런 옷 어디서 입어보나 싶기도 하고, 사진 한 장은 있었으면 했지만 자식이 아파도 병원도 못가는 내 형편에 결혼식은 무슨 하면서 넘기고 잊었다. 하지만 그 집사님은 잊지 않으셨는지 몇 개월 후 나와 남편 이름이 곱게 적힌 청첩장을 건네 주셨다.

"신랑 신부 입장!"

피아노 웨딩마치가 울리고 남편과 나는 예복을 입고 교회 예배당에서 한 걸음씩 천천히 발을 내딛었다. 교인 분들이 남편과 나를 보면서 함박만한 웃음을 지은 채 박수를 쳐주고 있었다.

아마 그날 웃지 않았던 것은 오직 남편이 아니었나 싶다. 결혼식 사진 속에 남편은 새신랑의 웃음은커녕 마지못해 그 자리에 있는 듯 딱딱하게 굳은 표정으로 내 옆에 서있다. 결혼식이 싫다거나, 내가 싫은 것은 결코 아니었다. 다만, 평생에 한 번 뿐인 결혼식을 교회에서 해야 한다는 것이 괴롭고 용납할 수 없던 그였다. 그렇다고 이 결혼식을 거절할 수도 없는 것은 어떻게든 결혼식을 해야만 이 결혼생활을 유지할 수 있음을 알았기 때문이다. 앞에서도 말했지만, 엄마는 가난한 남편과의 결혼에 크게 반대하셨고, 내가 남편과 함께 살게 된 후에도 결혼식을 하지 않았으니 언제라도 파기할 수 있다며, 기회만 있으면 나를 다시 집에 데리고 가서 직장을 다니게 하고 싶어 하셨다. 그러니 남편은 울며 겨자먹기로 이 결혼식 자리에 서 있는 것이었다. 그런 남편과 달리 나는 기쁘고 감사해서 마냥 웃었다.

내가 어떻게 감사하지 않을 수 있겠나!

집사님께서 목사님을 비롯한 여러 분들에게 결혼식을 올려주자고 제안하셨고, 나 모르게 모든 일을 추진하셨는데 말이다. 어쩌면 결혼식을 교회에서 해주면 남편이 나를 좀 덜 핍박하지 않을까 하는 깊은 생각도 하셨던 것 같다. 그래서 목사님께서 결혼식 주례도 서주시고 예복이며 화장이며 음식까지 모두 교회에서 챙겨주셨다.

이런 자리에 양가 부모님도 계셨으면 좋았겠지만, 이렇게 많은 분들이 내 결혼을 위해 마음써주시고 축하해주시는데 그건 욕심이라는 생각이 들고 너무 감사하다는 말 외에는 달리 드릴 수 있는 말씀이 없었다. 하나님이 교인들을 통해 내게 베풀어 준 은혜는 너무 섬세하고 감사했다. 정말 받은 은혜가 너무 많아 무엇으로라도 드리고 싶었는데, 아무리 뒤져도 드릴 수 있는 것이 없었다.

그 당시 대기업에서 가전제품 생산은 물론 서비스 분야를 강화하면서 사람들은 가전제품이 고장 나면 수리점을 찾는 대신 대기업의 서비스센터를 찾아가게 되었다. 덕분에 가전제품 수리공이었던 남편은 점점 일이 없어져서 우리는 쌀을 살 수 없는 날이 많았고, 근근이 감자 몇 개 삶아서 남편과 아이들 먼저 먹이고, 나는 심방을 따라가면 나오는 음식으로 버티고 있었다. 그래도 눈만 뜨면 무언가 드리고 싶다는 생각을 하다 보니 드디어 생각이 났다. 내가 아무것도 없는 것이 아니었다. 하지만 남편의 허락을 구해야 했다.

"여보 나 있잖아, 교회에서 우리 결혼식도 올려주고 너무 고맙잖

아. 그래 내가 교회에 뭐 좀 주고 싶다. 내가 교회에 좀 덜 충성할테니까 당신이 나한테 결혼 예물로 준 가락지랑 목걸이를 헌금 하도록 당신이 허락을 좀 해주면 좋겠다."

남편은 기가 막혔는지 나를 힐끗 보더니 아무 말이 없었다. 그렇게 며칠이 갔다. 교회에 가는 것을 끔찍하게 싫어하는 남편에게 이런 것을 묻다니 나도 참 멍청하다 생각하고 잊어버리고 있는데 남편이 문득 입을 열었다.

"니건데 니 맘대로 해라!"

그 말이 남편 입에서 떨어지자마자 나는 남편 마음 바뀔 새라 정신없이 뛰어가 목사님 손에 그것들을 쥐어주고는 기분이 너무 좋아 집에 춤을 추듯 돌아왔다.

교회에서 받은 선물은 그것이 끝이 아니었다.

남편에게 일거리가 너무 없어서 운전을 배웠는데, 마침 내 사정을 잘 아시는 교회 집사님께서 어떤 대형교회의 버스 운전기사 자리가 났다며, 남편을 소개시켜주었다. 교회라면 그리고 예수라면 질색인 남편이었지만 먹고 살기 힘드니 군말 없이 일하기 시작했고, 교회가 직장이다 보니 자연스럽게 술과 담배를 끊기 시작했다. 물론 교회에 간다는 나를 괴롭히는 일도 줄었다.

이제는 전보다 남편의 구속이 덜해서 얼마든지 교회에 가도 좋을 터였지만, 이게 무슨 조화인지 나는 남편에게 말했듯 교회에 충성을 하지 않게 된 일이 생겼다. 나 뿐 아니라 모든 교인이 벽돌을 나르면서 하나로 똘똘 뭉쳐서 교회 건축을 했는데, 목사님께서는 건축을 마치자마자 건물을 매매해 버리고는 미국으로 떠나버리셨다.

하루아침에 우리들은 다니던 교회와 목사님을 잃었다. 교회 건물은 그대로 있었지만, 매매를 해서 다른 교회에서 오기에 그곳은 더 이상 우리 교회가 아니었다. 나는 너무 당황스러운 나머지 배신감까지 느꼈다. 내가 목사님을 얼마나 좋아했는데, 마치 하나님처럼 생각하며 믿고 섬겼는데 어쩌면 그러실 수 있을까 싶고 서운함과 상처가 이루 말할 수 없었다. 무슨 목사라는 분이 저럴까도 싶었다. 물론 예수님은 여전히 사랑했고, 교회도 좋았지만 그 교회에는 가고 싶지 않았다. 목사님이 좋다고 모든 일에 열심이었던 내 모습을 보면서 목사님은 무슨 생각을 했을까 싶고 바보 같다는 생각도 들었다. 그래서 그 교회를 가지 않았고, 다른 교회도 가지 않았다. 지금 생각해보면 부흥회에서 큰 은혜는 체험했지만 뿌리가 약했던 믿음이었던 것 같다.

"예수께서 비유로 여러 가지를 그들에게 말씀하여 이르시되 씨를 뿌리는 자가 뿌리러 나가서 뿌릴새 더러는 길 가에 떨어지매 새들이 와서 먹어버렸고, 더러는 흙이 얕은 돌밭에 떨어지매 흙이 깊지 아니하므로 곧 싹이 나오나 해가 돋은 후에 타서 뿌리가 없으므로 말랐고, 더러는 가시떨기 위에 떨어지매 가시가 자라서 기운을 막았고 더러는 좋은 땅에 떨어지매 어떤 것은 백 배, 어떤 것은 육십 배, 어떤 것은 삼십 배의 결실을 하였느니라"(마태복음 13:3-8)

그때의 나는 교회 모든 예배와 봉사에 열심이었지만, 다소 맹목적인 신앙이었음도 부인할 수가 없다. 성경에서 예수님을 찾는 것이 아니라 그저 교회에 충성하면 다 된다고 생각했었다. 목사님도 하나님처럼 생각했다. 그리곤 목사님에게 실망을 하자 교회까지 떠나버리는 어리석은 결정을 내렸었다. 이런 일은 믿음생활을 하면서 누구나 한번쯤은 겪을 수 있는 일이고, 나도 그 고비를 겪었고 현명하지 못한 선택을 했다. 물론 그 목사님의 선택이 올바른 것은 아니었지만, 그렇다고 내 선택도 좋은 것은 아니었다. 하지만 하나님은 역시 놀라운 분이셨다. 어리석은 결정에도 불구하고, 믿음이 더 견고해질 수 있는 축복된 만남의 길로 나를 인도해주셨다. 물론 그때는 그런 하나님의 마음을 알 길이 없어 그저 그 목사님이 원망스러울 뿐이었다.

3. 만남의 축복들

"사람이 감당할 시험 밖에는 너희에게 당한 것이 없나니 오직 하나님은 미쁘사 너희가 감당치 못할 시험 당함을 허락지 아니하시고 시험 당할 즈음에 또한 피할 길을 내사 너희로 능히 감당하게 하시느니라"(고린도전서 10:13)

살다보니 하나님은 우리를 끔찍이 사랑하고 아끼시지만, 하나님을 믿는다는 이유로 고난을 면제받거나 피하게 해주시는 것은 아닌 것 같다. 다만, 그 고난을 이길 힘을 주시는데, 내게는 평생에 남을 정말 좋은 만남의 축복을 주심으로 어려운 시간을 이기게 해주셨다.

남편은 교회 버스기사로 취직을 한 후 성실하게 일했고, 술이나 담배를 자제했고, 사람들에게 책망 들을 일도 전혀 하지 않았다. 하지만 예수님을 몸서리치게 싫어하는 것만은 여전했다. 그 미움을 직장인 교회에서는 참고 표현하지 않다가, 가끔 분노가 치밀면 술에 취해 이상하게 변하곤 해서 나를 두렵게 했다.

그럴 때마다 나는 왜 평탄한 믿음생활을 하지 못하는 것인지 속이 상하고 하나님을 향한 원망도 일었지만 아무리 그래도 나는 주님 외에는 갈 곳이 없었다. 주님을 온전히 신뢰하고 있었다고는 할 수 없었다. 그저 그 분이 아니면 달리 기댈 곳이 없었고, 투정을 하던 애원을 하던 나는 그저 주님뿐이었다.

너무 힘들어 마음을 가눌 수 없을 때에는 다니던 교회는 갈 수 없으니 기도원을 찾아갔다. 금식하며, 밤이고 낮이고 부르짖는 사람들 틈에 끼어서 나도 하나님께 울며불며 부르짖었다. 너무 힘들다고 정말이지 마음도 몸도 힘들어 죽겠고 무서우니 어떻게 좀 해달라고 고래고래 소리를 지르며 매달렸다. 그러고 나면 상황은 하나도 달라지는 것이 없지만 내 마음은 풀리고 희망도 생기는 것 같았다.

그러던 어느 날 하염없이 눈물을 흘리며 금식을 하는 서난희(가명)라는 예쁜 이름의 자매를 만나 이야기를 나누게 되었다. 기도원에 오는 사람은 무엇이든 마음을 답답하게 하는 기도거리 하나씩 가지고 올라오기 때문에 동병상련이랄까 쉽게 마음이 열리고 친구가 될 수 있었다.

난희 자매는 내 나이 또래로 남편이 외도를 하며 집에 들어오지 않는 상태였고, 난희 자매 혼자 두 명의 자식을 데리고 마음의 고통으로 몸부림치다가 기도원에 와서 금식하며 기도하고 있던 중이었다. 우리가 처한 상황은 달랐지만 서로를 안쓰럽게 여겼고, 긍휼한 마음이 일어 함께 있으면서 서로를 위해 기도하고 하나님의 뜻을 구하며 많은 힘과 위로를 받았다.

기도원에서 헤어진 뒤에도 편지를 교환하며 교제를 이어갔다. 나는 너무 힘이 들 때 그 자매에게 편지를 쓰며 슬픔을 토해냈고, 뒤돌아 다시 그 자매에게 편지를 받아 큰 위로와 힘을 얻곤 했다. 그래서 그 자매로부터 편지를 보내자마자 다시 받기를 목이 빠지도록 고대하는 나날이 이어졌고 편지를 받기라도 하면 단숨에 읽고는 시간이 날 때마다 꺼내어서 또 읽고 또 읽었다.

화숙 자매님.

어떻게 잘 지내고 계시나요? 남편 분의 마음은 풀려가고 있는지, 두 자녀분은 건강하게 별탈없이 지내고 있는지요. 아니 혹여라도 화숙자매님이 어디 편찮으시거나 남편분의 모진 행동으로 몸과 마음이 견디어내지 못하는 상황은 아닐지 염려도 됩니다. 하지만 염려해봤자 아무것도 해결할 수 없기에 그저 자매님을 위해 기도만 하고 있습니다.

저는 요전 날 남편을 만났습니다. 잘못한 것은 제가 아니고 그 사람인데 어쩌면 제 앞에서 그렇게 당당한지, 어떻게 자기를 그렇게 좋아하던 두 아들을 사랑을 위해서라면 버릴 수도 있다고 덤덤한 표정으로 말할 수 있는지 도저히 용서가 되지 않고 밉기만 했습니다. 더구나 사랑의 신뢰를 깨버린 것은 그 사람인데, 왜 내가 죄인처럼 이렇게 그 사람에게 매달려야 하는지도 이해가 되지 않아 너무 괴로웠습니다.

한편으로는 가정도 자식도 버릴 수 있고, 자기의 가족들까지 저렇게 뜯어 말리는데도 사랑을 지켜야한다고 물불을 가리지 않는 그 사람을 보면서 혹시 저게 사랑인가, 사랑의 힘이 아니라면 어떻게 저럴 수 있을까 싶은 생각이 들어 사랑받지 못하는 저에 대해 서럽기도 했습니다. 도대체 저런 힘은 어디서 나오는 것일까요. 정말 저것이 사랑인 것이라면 저는 이제는 도저히 매달릴 수도 애원할 수도 없을 거라는 생각만 듭니다. 도대체 무엇이 저 남자를 저렇게 만들었을까도 생각하면서 제가 너무 초라하고 불쌍하다는 생각이 들면 서럽고 괴로운 마음 정말 짐승처럼 울부짖게 됩니다.

그래도 자매님 너무 다행인 것은 너무 좋은 분들을 만나 힘을 얻고 있습니다. 어쩌면 제가 이렇게 제 정신으로 쓰러지지 않고 버티고 있는 것 그분들의 기도 덕분인 것 같습니다. 저는 아직 저를 향한 하나님의 사랑을 믿을 힘이 남아있음이 신기합니다. 그분들을 만나게 하심에 너무 감사드립니다.

"우리가 알거니와 하나님을 사랑하는 자 곧 그 뜻대로 부르심을 입은 자들에게는 모든 것이 합력하여 선을 이루느니라"(로마서 8:28)

말씀을 보며 생각합니다. 이 일이 어떤 선을 이루어낼까, 혹시 하나님께서 남편의 마음을 불시에 바꾸는 기적을 일으키실까 하다가도 그 사람을 보면 그런 기적은 기대할 수 없는 것이라고, 그런 기적은 다른 사람에게는 있을지 몰라도 저는 그냥 지나쳐가고 말 것이라며 절망하기도 합니다. 그래도 제가 의지

할 곳은 주님 한 분 뿐입니다. 주님이 저를 잊고 계시지 않기 때문입니다. 잊고 계시다면 이런 분들을 만나게 하셨을 리가 없으니까요. 어쩌면 자매님도 그런 이유로 만났는지 모르겠습니다. 이 위로의 자리에 자매님과도 함께 하고 싶습니다. 부디 한 번이라도 용기를 내어 꼭 찾아와주세요. 목요일 반포아파트 0동 00호로 오면 됩니다. 자매님과도 함께 할 날을 기도하고 있겠습니다.

1981. 2. 3.
서난희 드림

편지를 읽자마자 나도 그 자리에 가고 싶었다. 지푸라기 한 줄기라도 잡고 싶을 만큼 매일 순간순간이 간절했고, 난희 자매를 다시 만나고 싶기도 했던 나는 앞뒤 생각할 겨를이 없었다. 무조건 난희 자매가 알려준 곳으로 정신없이 찾아가 벨을 누르자 화사한 여자 한 분이 나오셨다.

"누구세요?"
"이화숙이라고 서난희 자매가…"
"어머! 너무 잘왔어요. 잘왔어. 우리가 얼마나 기다렸나 몰라."
말이 끝나기도 전에 내 손을 얼른 감싸쥐며 나를 안으로 이끄셨다.
"어머 사모님! 집사님들 좀 나와보세요. 화숙 자매왔어요."
서난희 자매를 비롯한 10명 넘는 사람들이 뛰어나오더니 나를 토닥이며 서난희 자매 이야기를 듣고 나를 기다리고 있었노라고 잘왔다고 따뜻하게 맞아주었다.

그 날은 내 평생 가장 중요한 만남의 날이었다. 헤어진 지 35년이 지난 지금까지 단 하루도 잊지 못한 채 내 마음에서 그리워하고 있는 그 사람들을 그렇게 만났다. 그들은 「예수님의 편지가 되라」는 뜻에서 L.O.C.(a Letter Of Christ)라고 이름 지은 모임으로 지구촌교회 이동원 목사님의 아내인 우명자 사모님이 인도하던 여자 제자 훈련 모임이었다.

그날부터 마음의 위로는 물론 말씀공부가 시작되었다. 그 전에는 말씀은 모른 채 교회가 좋고 목사님이 좋아 그저 교회를 쫓아 다녔다면 이번에는 달랐다. 예수님이 어떤 분인지, 어떤 뜻에서 이런 말씀을 하셨는지 성경을 읽으며 배웠고, 깨달았고, 삶에 적용하도록 노력했다. 모임을 이끌던 사모님은 언제나 말씀위에 삶을 올려놓아 주님의 뜻대로 살며 좋은 열매를 맺어야 한다고 가르치셨다. 말씀을 가르쳐주시면서 거기에 담긴 주님의 마음과 그 의미를 찬찬히 설명해주셨다.

"주의 말씀은 내 발의 등이요 내 길에 빛이니이다"(시편 119:105)

"나는 포도나무요 너희는 가지니 저가 내 안에 내가 저 안에 있으면 이 사람은 과실을 많이 맺나니 나를 떠나서는 너희가 아무 것도 할 수 없음이라"(요한복음 15:5)

특히 우리는 요한복음 15장 말씀 전체를 읽고 또 읽었고, 묵상했으며, 암기하고 또 했다. 살면서 그 말씀이 진리임을 매일 깨닫고 있다. 부흥회에서 놀라운 체험을 했지만 이런 말씀이 성경에 있는지 몰랐으며, 설사 있는 것을 알았다고 하더라도 어떤 뜻인지 모르고 그냥 지나쳤는데 성경에 담긴 하나님의 사랑은 놀라웠다. 정말 꿀맛 같이 달았고, 내 다리가 땅을 디디고 있는지 공중에 떠있는지 모를 만큼 기뻤다.

서난희 자매와도 끊임없이 교제를 이어갔으며, 우리는 서로를 위해서 진심으로 마음 아파하면서 기도했다. 난희 자매 뿐 아니라 사모님을 비롯한 여러 지체들은 너무도 부족한 나를 항상 칭찬해주고 무슨 말을 하던 귀 기울여 주었다. 아무것도 아닌 나를 보면서 항상 '믿음이 여인'이라 불러주셨고, 무슨 이야기라도 할라치면 간증을 해달라고 부탁하기도 하셨다.

한번은 모임의 지체 중 한명의 아버지께서 딸꾹질이 멈추지 않아 너무 힘들어하신다며 기도를 부탁하셨다. 나는 그 이야기를 들으면서 어르신이 얼마나 힘들까 기도하면 될 텐데, 우리 아이들도 아프면 기도하니까 낫던 것이 기억나서 기도해드리고 싶다고 말씀을 드렸다. 그러자 다들 함께 가서 기도하자고 하여 그 댁에 방문해서 기도를 했는데, 정말 거짓말처럼 금방 그분의 딸꾹질이 멈추는 것이었다. 사실 딸꾹질쯤이야 하면서 별것 아닌 일로 생각하고 넘길 수 있는 일이었는데, 모임의 지체들은 너무 신기해하고, 감사하다며 나를 더욱 예뻐해 주었다.

정말 그분들과 함께 했던 1년은 내 평생 가장 은혜롭고 행복했을 뿐 아니라, 내 믿음의 토대를 마련해준 너무 좋은 시간이었다. 다시 말하지만 목사님께 실망했다며 교회에 가지 않았던 것은 결코 좋은 결정이 아니었다. 내가 어리석었던 것이었고 고집이었다. 하지만 내 성격과 기질을 너무 잘 아시는 하나님은 여러 환경을 통해 가장 알

맞은 곳으로 나를 인도해주셨고, 너무나 큰 만남의 축복을 누렸다. 정말 그분을 알고 경험할수록 그분의 사랑과 배려에 탄복할 따름이다. 내가 하나님을 만났더라도 남편의 핍박이 없었더라면, 아니 그 핍박에 두렵다고 예수님을 버렸더라면, 목사님에게 실망했다고 하나님을 떠났더라면 그래도 이 사람들을 만날 수 있었을까?

우리는 이유를 막론하고 포도나무에 붙어있어야만 한다. 나는 그 고통의 시간을 겪은 것이 이 귀한 만남으로 인도되기 위한 것이었다고 한다면, 그 고통이 조금도 서운하지 않았다. 귀한 일일수록 비싼 값을 치르는 것은 당연하니까. 나는 이 만남이 그만큼이나 귀하고 감사했다.

"다만 이뿐 아니라 우리가 환난 중에도 즐거워하나니 이는 환난은 인내를 인내는 연단을 연단은 소망을 이루는 줄 앎이로다"(로마서 8:3-4)

사모님은 항상 우리가 하나님이 세상을 향해 보내는 그리스도의 편지이고 언젠가 역사에 중요한 일을 할 인물도 나올 것이라며 우리를 일으켜 세우고 꿈을 주셨다.

1년 후 모임 장소를 제공하시던 집사님께서 미국 이민을 가시게 되면서 우리는 뿔뿔이 흩어지게 되었지만 배웠던 그 가르침은 마음에 잘 모아서 간직해오고 있다. 마음이 너무 외롭고 힘들 때마다 나는 다시 이분들을 만나 하나님이 이끄신 각자의 인생에 대해서 이야기할 날을 기대하며 버틸 수 있었다.

뒤돌아 생각해보면 이 시절 나는 가난했고 남편으로부터, 너무 괴로워 잊고 싶을 만큼의 핍박도 받았지만 그럼에도 불구하고 내 인생 가장 풍성하고 아름다운 만남의 때였다고 말하고 싶다. 하나님을 다시 만난 감격이 그랬고, 교회에서 받은 사랑이 그랬으며, 난희(가명)자매를 비롯한 L.O.C.제자훈련 지체들과의 만남으로 인해 행복했다. 물론 남편 역시 종교로 인한 갈등이 있어서 그랬을뿐 다른 면에서는 더할 나위 없이 좋은 사람이었다. 이 모든 것이 하나님께서 내게 허락해주신 만남이 축복이었다고 생각하며 감사하고 있다. 그리고 이 모든 이들은 지금까지 내 인생에 짙은 그리움으로 남아있다.

"보라 형제가 연합하여 동거함이 어찌 그리 선하고 아름다운고 머리에 있는 보배로운 기름이 수염 곧 아론의 수염에 흘러서 그의 옷깃까지 내림 같고 헐몬의 이슬이 시온의 산들에 내림 같도다 거기서 여호와께서 복을 명령하셨나니 곧 영생이로다"(시편 133:1-3)

제4장

내게
사명을 주시는
하나님

1. 맙소사, 교회 개척이라니

교회를 떠나신 목사님에 대한 서운함은 씻은 듯 사라지고, 그저 그리스도의 편지(L.O.C.)와 함께 하는 제자훈련에 젖어서 너무 행복하던 때였다.

꿈인 듯 생시인 듯 교회를 개척하라는 음성과 장소를 보았는데, 별 이상한 일이다 싶어 잊으려 노력했다. 하지만 제자훈련으로 인한 전도에 대한 강박관념이었는지, 그 꿈이 마음에 남았던지 자꾸만 부담이 느껴졌다. 설마 그럴 리는 없다고 생각했지만 그래도 기도해보라는 주변의 말씀에 따라 새벽과 저녁으로 기도를 했고, 그 부담은 더욱 강해져 확신까지 느껴졌다.

하지만 상식적으로 말이 안되는 일이었다. 기가 막혔다. 하나님이 나한테 그럴 리 없거니와, 설혹 이것이 하나님 결정이라고 한다면 좀 잘못된 것 같았다. 잘못인지 아닌지 제대로 판단이 서지 않아, 제자훈련을 받던 지체들과 사모님에게 여쭈어보고도 싶었지만 쉽게 입이 떨어지지 않았다. 우리는 성경말씀은 배웠지만, 주의 음성에 대해서는 들어본 적이 없었다. 지금은 "수의 음성을 내가 들으니 사랑한단 말일세"라고 할 수 있지만 27세 교회 개척을 할 당시에는 나 혼자 겪는 갈등이 말로 다 할 수 없어 하나님께 마구 화를 냈다.

'하나님 저보고 교회 개척하라고요? 정말이에요? 아니, 시킬 사람을 시켜야지요. 내가 신학 공부를 했습니까. 뭘 했습니까? 이제야 좋은 사람들을 만나 좀 사는가 싶은데 무슨 교회 개척을 합니까? 신학대학 나온 사람들이 수두룩한데 왜 나냐고요.'

예수님을 사랑하고 열정도 펄펄 끓었지만, 나도 상식이 있고 생각이 있는 사람이었다. 이건 합리적이지도 능률적이지도 않다는 판단에 고개를 설레설레 젓고는 지나쳐버렸다. 하지만 교회 개척에 대한 마음이 끊임없이 나를 찔러 도저히 피할 방법이 없었다.

나는 금식기도를 작정했고 기도원으로 향했다. 그렇게 기도원에서 금식을 하며 일주일쯤 지냈을 때 우연히 한 집사님을 만났다.

그 집사님과 인사를 나누고 몇 마디 주고받았다. 이야기를 하면서 이 집사님께는 내 고민을 털어놔도 괜찮겠다는 생각이 들었다.

"하나님께서 나에게 개척을 하라고 해서 이렇게 기도원에 오게 됐어요"했더니 집사님께는 "아~ 그러세요"하며 그냥 묵묵히 내 이야기를 들어주었다. 집사님은 무슨 문제로 기도원에 오셨냐고 물었더니 문제가 있어서 온 것은 아니고 그냥 기도하러 왔다고 했다. 그러면서 개척교회에 다니며 꽃꽂이 봉사도 하고 교회를 위해 여러 가지 봉사를 하고 있다고 했다.

"어머 제가 정말 훌륭하신 집사님을 만났네요."

그러면서 교회에 대하여 우리는 이런저런 교제를 나누었다.

"집사님! 나의 개척 문제도 기도 좀 해 주세요" 하고 말을 끝낼려 했는데 집사님이 가만히 생각하다가 "사실 내가 파주에 한 천 평 정도 땅을 사 놓은 게 있어요" 라고 했다.

그 순간 나도 모르게 말했다.

"집사님! 그러면 그 땅에 한 번 가서 답사를 하면 안 될까요?"

그랬더니 흔쾌히 "그러면 언제 한 번 가요" 라고 했고, 나는 작정 기도를 끝내고 돌아와 일주일 뒤 집사님과 파주 가는 시외버스 정류장에서 만났다.

동네를 들어서는 순간 낯설지가 않았다. 생각해 보니 꿈에서 본 그 곳이었다. 동네에는 작은 교회가 보였고 동네의 풍경은 하나님께서 보여준 곳임을 알 수 있었다. 꿈이라고만 생각했는데 눈앞에 있는 그 곳을 보니 너무 신기했다.

"어머 내가 꿈에서 본 곳이에요."

"정말요 신기하네요."

확신이 들었다. '아! 여기구나….'

그리고 나는 망설임 없이 집사님께 "집사님 하나님께서 인도하신 곳이 여기네요"라고 했고 그 소리를 듣고 집사님은 놀라지도 않고 "아~ 그래요"하며 받아드려 주었다.

"집사님! 내가 천 평에서 30평 정도만 임대료를 드릴테니 나 좀 빌려 주세요"하니 "그런데 여기는 절대 농지라 허가가 날지 모르겠네요. 그럼 온 김에 같이 군청에 가서 알아봐요"라고 했다.

그래서 군청직원에게 "내가 농촌에 봉사하는 마음으로 그 땅에 교회를 지어서 지역 활성화를 하고 싶습니다. 농사철에 바쁠 때는 아이들도 돌보아주고 그런 마음으로 여기를 왔습니다. 어떻게 교회당을 지을 수 있을까요?"

그랬더니 군청직원이 "절대 농지라 건축허가는 해 줄 수 없습니다." 방법이 있다면 우사모양(비닐하우스 처럼)으로 지으셔야 할 것입니다라고 했다.

그래서 나는 건물의 모양이 중요하지 않고 하나님께서 교회를 지으라고 명령을 하셨기 때문에 허락만 해 주신다면 짓겠다고 했다.

하나님께서 집사님을 통해 땅은 허락하셨구나 하고 생각을 했다. 그러나 고민은 남편과 가족이 함께 그 곳을 가야하는데 남편은 불심이 강한 사람이라 어떻게 해야 할 지 고민에 싸였다. 내가 교회를 나가고 예수 믿는 자체도 싫어하는데 과연 교회를 짓는다 하면 어떤 반응일지 고민이었다.

그러나 하나님의 뜻임에 나는 용기를 내어 남편에게 말을 해야 했다. 남편은 불신자였고 내가 예수 믿는다고 그렇게 핍박을 하는데 과연 가족들을 데리고 교회를 지을 수 있을까?

일단 부닥치기로 하고 말을 꺼냈다.

"하나님께서 나보고 파주에 교회 개척하라고 하는데 어떻게 하지?"

"뭐 교회 개척? 안 돼! 절대 안 돼!"

"나는 교회 개척해야 돼!"

나는 확고히 말을 했고 남편은 그런 내 모습을 보고 순간의 분을 참지 못하고 때리기 시작했다. 나는 정말 죽지 않을 만큼 맞았다. 그런데 이상하게도 남편의 주먹은 솜방망이로 때리는 듯 했다. 나는 속으로 생각했다.

'너무 신기하다 이렇게 맞는데도 아프지 않을 수 있을까….'

나는 남편이 분이 풀릴 때까지 아무 말도 없이 가만히 맞고만 있었다. 그리고 남편은 다 때린 후 "이래도 포기 못해!" 했고 나는 단호하게 "포기 못해! 차라리 나를 죽여!" 했더니 남편은 밖으로 나가 버렸다. 그리고 이틀 후 아무 일도 없다는 듯이 들어왔다. 그리고는 아무 말도 하지 않다가 한참 뒤에 남편은 나에게 "니 마음대로 해라!" 라고 말했다.

남편의 허락이 떨어진 것이다. 어찌됐건 이건 기적이었다. 절대 허락하지 않을 줄 알았는데…. 교회를 지을 부지도 있고 남편의 허락도 떨어졌지만 교회를 지을 수 있는 재정적인 준비는 전혀 마련되어 있지 않았다. 떠나기 전에 여러모로 많이 도와줬던 지인들을 만나야겠다고 생각을 했다.

내가 그렇게도 사랑했던 모임, 제자훈련 L.O.C. 모임도 장소 문제로 더 이상 지속할 수 없는 사정 가운데 있어서 나는 너무 서운한 마음에 한 분씩 찾아뵙고 작별인사를 하러 갔었다. 그분들은 같은 아파트 단지에 살고 있기에 서로 가끔이라도 볼 수 있겠지만, 나는 이제 파주로 떠나야 하는데 이제 헤어지면 언제나 볼 수 있을까 싶었다. 당시는 교통이 지금처럼 편리할 때가 아니었고 다들 살기 바쁘면 이렇게 함께 만날 날이 또 언제나 올까 싶었다.

한 집사님을 만나면서 헤어짐에 슬퍼 부둥켜안고 있다가 뒤돌아서는데 집사님이 갑자기 내 손을 잡았다. 그리곤 손가락에서 반지를 빼더니 내 손에 쥐어주었다. 손에는 영롱하게 반짝이는 참 예쁜 것이 놓여있었다. 보석이라는 것은 평생 모르고 살아왔지만, 비싼 것이 분명했고 이렇게 받을 수 있는 물건이 아니었다. 집사님은 결혼반지로 보이는 다이아몬드 반지를 내 손에 쥐어주었다.

나는 순간 깜짝 놀라 "집사님! 이게 뭐에요?"라고 했더니 "교회 개척 하는데 쓰세요"라고 했다.

나는 순간 하나님께 은혜를 받아 감사함에 건축헌금을 했던 기억이 났다. 그 때 내가 다니던 교회에 결혼예물로 남편에게 받은 금목걸이와 반지를 건축헌금으로 냈었다.

'잊어버리고 있었는데 하나님께서 그 건축헌금을 기억하시고 이렇게 도우시는 구나' 라는 생각이 들었다.

그분으로 끝이 아니었다. 어떤 집사님은 남편이 매달 월급을 주는 것이 아니라, 1년 생활비를 미리 주는데 그 1년 생활비 일부를 주시기도 했다. 교회에 건축헌금하려고 예전부터 기도하고 있던 돈이 있었다며 손에 쥐어주는 분도 있었다.

내가 자존심이 강해서 누구에게 손을 벌려 애원할 수 없는 사람이라는 것도 아셨고, 매일 엄마를 비롯해서 남에게 주기만 해봤지 받는 것에 경험이 없었던 나를 이런 식으로 위로하시구나 싶기도 했으며, 내 힘으로 돈을 마련했다면 교만할 수도 있었을텐데 이건 그 모든 것을 뛰어넘는 해답이었다. 결국 하나님이 하셨고, 내가 한 것은 아무것도 없었다. 정말 이 모든 일을 예비하시고 이루어 가시는 분은 오직 하나님이심을 눈으로 직접 경험할 수 있었다.

"그 정사와 평강의 더함이 무궁하며 또 다윗 위에 앉아서 그 나라를 굳게 세우고 지금 이후 영원토록 공평과 정의로 그것을 보존하실 것이라 만군의 여호와의 열심히 이를 이루시리라"(이사야 9:7)

파주에 도착하자마자 교회를 지을 작업에 착수했다.

남편은 전기기술 뿐 아니라 손재주가 정말 참 좋았다. 못하는 것이 없었다. 교회 터를 둘러본 후, 건물 설계도를 그리더니 곧 자재를 사서 교회를 짓기 시작했다.

나 역시 벽돌을 나르면서 기술이 필요하지 않고 힘으로 도울 수 있는 모든 일을 했다. 이내 가건물이었지만 교회가 세워졌고, 돈은 부족하지도 남지도 않았다. 이곳을 짓도록 기도와 물질을 더해준 「그리스도의 편지」(L.O.C.) 지체들은 마치 자기 집이 완공된 것처럼 기뻐하며 한걸음에 달려와서 헌당예배를 드려주고 나를 격려해주었다. 교회명은 우명자 사모님께서 말씀해주신 대로 '빌립보 교회'라고 지었다.

그들과 윤숙이가 와서 북적였던 헌당예배가 끝나고 다들 돌아가
자 허전해졌다.

교인은 한 명도 없었다. 그때가 겨울이었는데, 밖에서 누군가 문
을 두드렸다. 나가보니 군인들이었는데 훈련이 끝나고 너무 추워서
왔다면서 하루 저녁만 지내고 가면 안되겠느냐고 물었다.

사람이 없는 교회를 이런 식으로 채우시나 싶어 흔쾌히 허락을
하고는 저 사람들 중 한 영혼이라도 주님을 알고 가게 해달라고 밤
새도록 기도했다. 그 다음날이 되어 그들은 떠나겠다고 인사하러 왔
는데 줄 것은 없고 물을 뜨겁게 데워 대접해서 보냈다. 이렇게라도
잠시나마 사람들로 교회를 채운 것이 감사했다.

전도가 쉽지 않았다. 노방전도도 해봤고, 낯을 가리지 않는 나였
지만 여러모로 조심스러웠다. 그곳은 그 당시 하루라도 굿을 하지
않으면 안 되는 곳이었다. 무작정 교회로 오라고 하기가 망설여졌
다. 그곳 분위기도 잘 모를뿐더러, 예전에 이런 환경에 있던 분이 개
종했다가 좋지 않은 일이 생겨 다시는 교회에 발도 들여놓기 싫다
고 하는 이야기를 들은 바 있어 더 조심스러웠다.

잘되게 해주는 하나님 말고, 사랑의 하나님을 전하고 싶었다. 고
심하다가 남편이 출근하면 무조건 인근에 있는 빨래터로 빨래를 가
지고 나갔다. 그곳은 아침식사를 마친 동네 아낙네들이 다들 나와서
빨래를 하며 수다를 풀어놓는 곳이었다. 그곳에 있으면, 어느 집에

무슨 일이 있었는지, 숟가락이 몇 개인지 모두 알 수 있었다. 당연히 서울에서 내려와 교회를 짓고 있는 젊은 여자인 내 이야기도 그곳에서 오갔을 것이었고, 내가 나타나자 관심을 보이기 시작했다.

"어디서 왔냐?"

"왜 왔냐?"

"남편은 뭐하는 사람이냐?"

"자식은 몇이냐?"

"몇 살이냐?"

그렇게 한동안 지나다가 서로 얼굴을 익혀 익숙해지고 난 후, 그들이 일구는 논과 밭에 나도 가서 일했고, 먹을 게 좀 있을 때는 가지고 있는 감자도 삶아가고, 미숫가루도 시원하게 타서 가지고 갔다. 가끔 밥도 맛있게 지어서 들고 갔다. 사람들과 무척 친해졌고, 서로 오가면서, 전도가 아니더라도 그냥 이렇게 함께 지내는게 참 재미났다.

그러다보니 내 나이 또래의 새댁 한 명이 자신의 사연을 풀어놓으며 교회에 나오기 시작했다. 그리곤 무엇에 은혜를 받았는지 너무 감사하다며 교회 청소라도 할 수 있게 허락해달라고 했다. 청소는 나중에도 얼마든지 할 수 있으니 그냥 나오기만 해도 감사하다고 했더니 그날부터 예배에 사람들을 데리고 오기 시작했다. 그리고 따라왔던 그 사람은 또 다른 사람을 데리고 왔고, 그 사람은 또 다른 사람을 데리고 왔다.

그러더니 어느 날 부터인가 그 동네 아이들은 전부 우리 교회에 출석하고 있었고, 나 혼자만으로는 힘에 부쳐서 매주 윤숙이가 와서

교사로 봉사해주었다. 매일이 즐거웠고, 하나님의 선물이었다. 물론 이것도 내가 한 것은 아무것도 없었다. 사람의 마음을 감동시키신 것도, 부르신 것도, 예배당을 채우신 것도 모두 하나님이 하신 일이었다. 이번에도 하나님의 역사를 보았다.

 순종이 이런 것이구나 싶었다. 내가 무슨 개척이냐고, 신학 공부를 했느냐고, 돈이 있느냐고, 남편의 괴롭힘을 아시면서 왜 이러느냐고 하나님께 대들었던 것은 어리석은 일이었다. 이 일을 통해 나는 사람들에게 내가 얼마나 사랑받고 있는지 알았고, 남편의 기술을 통해 하나님의 전을 지었고, 사람들에게 하나님을 전하는 행복을 누리고 있었다. 끝까지 내 상식에 어긋난다고 하지 않았더라면 결코 맛보지 못했을 즐거움이고 행복이었다. 일은 하나님이 하셨고, 즐거움은 내가 누리고 있었다.

 내 삶에 의미가 없다고 자살하려고 했던 나였지만 예수님을 만나고 내 삶은 의미로 충만해져 있었다. 자살 시도가 실패로 돌아간 것이 그렇게 감사할 수가 없었다. 나는 지금도 우울증 등으로 자살하는 사람들의 소식을 접하면 너무 가슴이 아프다. 내가 그랬듯 그들도 너무 괴로운 시간, 도저히 살아야 할 의미가 없고 고통스러운 시간을 지나는 중이겠지만 조금만 견디어 주기를 매일 기도한다. 죽음의 시도에서 성공하면, 그들은 다시금 삶의 의미를 찾아 행복할 기회는 영영 잃어버리고야 만다. 나는 그것이 너무 가슴 아프다.

2. 음성을 듣다

교회이니 예배를 드려야했는데, 말씀 전해주실 목사님이 없었다. 나는 벽돌을 지고 날라도 좋고, 수십 명의 교인들에게 밥을 해서 먹이고 설거지를 하는 것도 쉬웠고 즐거웠지만 말씀을 전하는 일은 너무 부담스러웠다. 하지만 그곳에 그 일을 할 사람은 나뿐이었다. 시간만 나면 성경과 신앙서적도 읽고, 기도하며 하나님께 매달리면서 매번 말씀 준비를 했다. 신학을 배운 적은 없기 때문에 혹시라도 잘못된 말씀을 전하게 될까 두려워서 말씀을 깊게 풀이하는 일은 하지 않고 그저 성경에 있는 말씀을 그대로 전하기만 했다.

그날도 그랬다. 33년이 지난 지금도 어제처럼 선명하게 기억나는 그 날 나는 전할 말씀을 준비하고 있었다. 그날 읽었던 것은 드보라 선지자의 이야기였다.

"드보라가 사람을 보내어 아비노암의 아들 바락을 납달리 게데스에서 불러다가 그에게 이르되 이스라엘의 하나님 여호와께서 이같이 명령하지 아니하셨느냐 너는 납달리 자손과 스불론 자손 만 명을 거느리고 다볼 산으로 가라 내가 야빈의 군대 장관 시스라와 그의 병거들과 그의 무리를 기손 강으로 이끌어 네게 이르게 하고 그를 네 손에 넘겨주리라 하셨느니라. 바락이 그에게 이르되 만일 당신이 나와 함께 가면 내가 가려니와 만일 당신이 나와 함께 가지 아니하면 나도 가지 아니하겠노라 하니, 이르되 내가 반드시 너와 함께 가리라 그러나 네가 이번에 가는 길에서는 영광을 얻지 못하리니 이는 여호와께서 시스라를 여인의 손에 파실 것임이니라 하고 드보라가 일어나 바락과 함께 게데스로 가니라. 바락이 스불론과 납달리를 게데스로 부르니 만 명이 그를 따라 올라가고 드보라도 그와 함께 올라 가니라"
(사사기 4:6-10)

드보라는 랍비돗의 아내였으며 지혜로운 여인이라고 했다.

에훗이 죽은 후 사람들이 악을 행하던 시기에 그녀는 사사로 하나님께 선택을 받았으며, 지혜로워서 재판을 담당하는 일도 했다고 했다. 그런데 그 당시 이스라엘 자손의 악이 번성하자, 하나님은 그들을 가나안 왕 야빈의 손에 붙이셨다. 야빈 왕에게는 시스라라는 군대장관이 있었고, 900승이나 되는 철병거도 소유하고 있었는데, 20년간 이스라엘 민족을 모질게 핍박했다고 했다. 그럴 만도 한 것이 시스라라는 인물을 들여다보면 알 수 있는데, 이스라엘 민족은 출애굽 후 가나안 정복 전쟁을 벌이면서 많은 이들을 가나안에서 쫓아내고 그 땅을 차지했었다.

그런데 시스라는 이스라엘이 정복전쟁을 벌이기 전 그곳에 살던 사람으로 자신과 가족이 대대로 살던 땅에서 쫓아냄을 당하자 이스라엘에 대한 분노와 복수심이 남달랐을 것이었다. 그런 그가 이스라엘 민족을 탄압할 수 있는 위치에 오르게 되었을 때 어떻게 했을지는 짐작이 갔다. 그런 괴롭힘을 가슴 아파하던 드보라가 바락에게 청해서 극심한 핍박을 당하고 있던 납달리 자손과 스불론 자손 중 1만 명을 뽑아 가나안 왕과 결부를 하라는 하나님의 말씀을 전달하는 부분이었다.

성경에는 죄다 남자들 이야기로만 가득한 줄 알았는데, 여자의 이야기가 있어 반가웠다. 더구나 드보라 선지자는 평범한 사람이지만 그 역할은 어머니나 누군가의 아내가 아닌 전쟁을 감당하는 강인한 것이었다. 너무 신기해서 읽고 또 읽으며 오늘은 이 이야기를 해야겠다 싶었다. 교회에 오는 이들은 죄다 여자이기 때문에 우리 모두에게 도전이 될 것 같았다. 그래서 다시 읽어보려던 때였다.

그때는 80년대였다. 그 당시 하나님께서 대통령의 실명을 나에게 말씀하시면서 "그가 대통령이 되기 전에는 겸손해서 내가 세워놓았더니 대통령이 되고 나서 교만해졌다. 그래서 내가 그를 버렸다"라고 하셨다.

정확하게 표현하기는 어렵지만, 맑은 물소리 같고 깊은 숲속에서 메아리가 울리는듯한 음성이 들렸다. 귀로 들은 것은 아닌 것 같지만, 들은 것만은 분명했다. 평소에 듣던 그런 것과 다르기 때문에 이상했고 놀랐지만 혹시나 싶어 조심스럽게 고개를 돌려 주위를 둘러보았다. 아무도 없었다.

나는 느닷없이 이런 음성이 들리니 너무 두려웠다.

"하나님! 도대체 이 음성이 마귀의 음성입니까? 성령의 음성입니까?"하면서 교회 강대상 밑에서 기도하기 시작했다. 그 뒤에도 하나님께서 말씀하셨다.

"너희 나라는 앞으로 내가 여자를 대통령으로 세울 것이다."

나는 그 당시 교회 개척한지도 얼마 되지 않았고 솔직히 말해서 정치나 사회에 별로 관심이 없었다.

도대체 하나님께서 나에게 왜 이런 말씀을 하실까?

'하나님! 하나님이 누구보다 더 잘 아시겠지만 정치에 관해서는 나보다 훌륭한 사람이 많습니다. 나는 학벌도 없고 나이도 어리고 영어도 못하고 아무것도 할 수 없는 나에게 이러시지 마시고 다른 사람을 찾아보세요!'

그랬더니 하나님은 나의 말을 무시하시고 또 다시 "너희 나라는 우상과 이단이 큰 문제가 될 것이다. 이래서는 나라가 제대로 서지 못한다"고 하셨다.

그렇게 말씀하시며 나 개인에게 미션을 주셨다.

나는 그 미션을 받으면서 솔직히 신앙생활에 대하여 환멸을 느꼈다. 왜냐하면 나는 예수님의 구원에 감사하는 마음 뿐, 내가 예수님께 은혜를 갚는 길은 이 기쁜 소식을 세상 사람들에게 알리는 것 밖에는 없다고 생각했기 때문이다.

그 열정으로 여기까지 왔는데 뜬금없이 이러시니 주님에 대한 기쁨도 사라지고 '나의 신앙이 잘못 되었구나' 라는 생각이 들었다. 그 사명은 나에게 너무 큰 부담으로 다가왔다.

물론 사회나 세상에 만족하고 있는 것은 아니었지만, 이 세상이 나 때문에 바뀌는 것도 아니고, 또 내가 무엇을 해야 한다고도 생각하지 않았다. 나 같은 평범한 주부는 나라와는 별반 큰 상관이 없었다. 방금 전 드보라 선지자의 이야기를 읽었고, 함께 나눌 생각을 하기는 했지만, 그건 성경의 이야기였다. 사실 성경 그 두꺼운 책에도 여자 이야기는 그렇게 많지 않았다. 그건 그만큼 여자들은 그런 일을 안했다는 것이었다. 나도 할 필요 없었다.

그 음성은 다시 이어졌다.

"이곳을 접어라. 서울로 올라가라."

'교회를 개척하라고 할 때는 언제고 나보고 교회를 접으라니요.'

정말 아무 생각도 들지 않았다.

이 음성이 하나님의 음성인지 사탄의 음성인지 분간할 수가 없었다. 그도 그럴 것이 하나님은 절대로 교회를 접으라고 할 리가 없지 않던가. 그래서 나는 일단 거절하기로 했다.

'하나님 맞아요? 나 정말 못살겠어요. 도대체 나한테 왜 이런 소리를 하시는지요? 여기 와서 개척을 하라 할때는 언제고 이제 와서는 왜 이걸 접고 서울을 가래요? 남편이랑 얼마나 갈등을 겪다가 여기까지 왔는데, 하나님도 저에게 이러시면 안되죠. 왜 나를 가만히 내버려 두지를 않으시냐고요. 몰라요 몰라. 난 이 교회 못접어요. 절대 못해요.'

그때 내 나이 27살, 젊음만큼이나 하나님을 향한 사랑은 뜨거웠고 열정적이었지만 혈기와 고집도 만만치 않은 사람이었다. 내가 처음 음성을 듣고 파주로 내려와 교회를 개척할 때 마음은 평생을 여기서 주님의 소식을 알리고 농촌에 봉사하는 마음으로 살아야겠다고 생각했다.

그런데 지금 와서 교회를 접으라고 하니 앞서 읽었던 드보라 선지자의 이야기는 내게 아무 소용이 없었다. 평범한 여자로서 사사의 일을 감당하면서 하나님이 지시하신 일을 해냈다는 것을 읽고 사람들에게 전할 수는 있지만 내 삶에 적용할 수는 없었다. 더구나 자기 민족의 고통을 보고 지나칠 수 없었던 그녀의 괴로움도 내게는 없었다. 나는 아무것도 안보였다. 이 나라가 어떻게 흘러가는지 나는 몰랐다. 성경을 읽으면서 이해는 되었지만 내가 그럴 필요는 없었다. 하지만 그것을 알 날이 정해져있었다.

하나님은 내게 그 마음을 가르치시길 포기하지 않으셨고, 나만 그것을 몰랐을 뿐이었다. 하나님은 포기하지 않는 인내를 가진 분이셨다.

3. 무너지는 교회

그날도 전도하려고 인근에 나가서 밭 매는 것을 도와주고 돌아와보니 군청에서 공문 한 장이 와있었다. 봉투를 열어보니 그 안에는 이해할 수 없는 서류 한 장이 있었다.

몇 월 며칠까지 건물을 철거하지 않으면 안 된다는 내용이었다. 난 그 순간 이 서류 한 장의 위력을 알지 못했다. 정말 설마 했다. 가건물이라도 성전인데 함부로 성전을 부실까 하는 의문을 했다. 그리고 그 서류에 대해 잊고 별스럽지 않게 넘어갔다.

하지만 그 후 일은 벌어졌다.군청직원 한 명과 일꾼들로 보이는 사람 7명이 철거 집기와 장비를 들고 온 것이다.

"신고요? 누가 신고를 해요?"

"말씀 드렸잖아요. 신고가 들어왔다고요!"

"그러니까 누가 신고를 했냐구요?"

"아무튼 저희는 철거를 해야하니까 비키세요"

"안돼요! 여기가 당신들이 볼 때에는 가건물로 초라할지 모르지만 이 건물은 분명히 하나님 성전이에요!"

그들은 어쩔 수 없다는 이야기만 늘어놓았고 철거를 해야한다는 말만 했다.

"당신들이 법대로 해야한다고 하면 나는 어쩔 수 없지만…. 아저씨 안 돼요! 여긴 성전이에요!"

군청 직원은 약간의 미안한 표정을 지며 안 된다는 말을 했고 바로 일꾼들에게 철거하라는 명령을 내렸다. 그들은 일제히 작업을 시작했고 순식간에 건물은 허물어지고 있었다. 그들은 교회 건물 위로 올라가 십자가를 떼어 내고 교회를 부셨다.

교회 위에 있던 십자가가 건물에서 떼어지는 순간 나는 하늘이 무너지고 나의 가슴은 발기발기 찢어졌다. 예수님을 죽이려고 로마 병정들이 예수를 끌고 법정에 세우고 수난을 겪고 결국에는 십자가에 못 박는 것을 직접 보는듯한 아픔을 겪으면서 나의 가슴이 무너져 내리고 있었다.

죽을 만큼 고통스러웠다. 그들은 교회 철거를 하고는 철거된 교회가 있던 터의 사진을 찍고 돌아갔다. 아이들을 위해 큰 창호지에 30장 정도의 찬송가를 며칠 밤을 새워 적은 그 악보들이 흐트러져있었다.

그때를 생각하면 아직도 나는 나의 몸에 누군가가 바늘로 찌르는 듯한 고통이 온다. 그 만큼 나는 교회를 사랑했고 나의 삶의 전부였다.

나는 교회가 허물어지고 난 후 아이들 밥도 못해주고 며칠을 정신적 고통으로 헤어나지 못했다.

'이래서는 안 되겠다' 생각을 하고 마음을 가다듬고 일어났다. 그러던 중 동네분이 누가 신고했는지 알았다며 나에게 알려주었다. 바로 나에게 땅을 빌려준 그 집사님 이였다. 집사님을 만나야겠다는 생각올 했다. 왜 그랬는지 물어봐야겠다고 생각했다.

"집사님! 집사님이 어떻게 그럴 수가 있습니까?"

"하나님을 위해 열심히 봉사하는 분이셨고 나는 우리가 주안에서 믿음의 자매라고 생각했습니다. 집사님도 저와 같은 마음이 였으니까 땅도 그렇게 흔쾌히 허락 하신 거잖아요?"

하지만 집사님은 아무런 대답을 하지 않았다. 나에게 땅을 허락한 그때의 그 집사님의 모습은 없었다. 다른 사람이 되어있었다. 너무나 달라져 있는 그 분의 모습에 화가 났다.

그 순간 나의 분노를 참지 못하고 집사님께 분노를 쏟아 놓고 말았다. 모진 말을 다 뱉었지만 돌아오는건 묵묵부답이었다. 집으로 돌아 온 후 무너진 교회를 보고 또 다시 망연자실했다.

그리고 얼마 후 그 집사님은 미국으로 이민을 갔고 연락은 당연히 끊어지는가 했다. 그런데 전화 한통화가 왔다. 그 집사님이셨다.

"여보세요?"

"누구세요?"

집사님은 먼저 그 때는 미안했다고 했다. 나도 그 때 집사님께 말로 상처 드린 걸 용서해 달라고 했다. 그리고 우리는 건강하라는 말로 전화를 끊었다. 그 이후로 그 분과 통화를 한 적은 없다. 모든 사항을 다 받아드려야 할 때가 온 것임을 알았다. 교인들과 무너진 교회 건물을 보며 함께 망연자실했고, 헤어짐에 슬퍼 울었다.

그리고 우리교회에 출석했던 아이들 한 사람 한 사람을 붙들고, 우명자 사모님께 배운대로 아이들에게 마지막으로 구원의 확신만 확실하게 심어줄 수 있는 믿음을 주고 가야겠다고 생각하고 기도해 주었다.

"예수님을 믿어야 천국에 갈 수 있고 예수님만이 구원의 길이란다. 너희가 커도 예수를 잊어서는 안 된다."

아이들은 무슨 뜻인지도 모르면서 "아멘, 아멘"했다.

지금도 그때를 생각하면 눈물이 난다. 지금은 아이들이 40대가 되어 길에서 만나도 알 길이 없다. 그 모습을 보는 내 마음이 북받쳤다.

그렇게 아이들과 인사를 나누고 나는 멍하니 방에 누워 있었다.

그 때 나에게 세미하였지만 나를 위로하는 무언가를 느꼈다.

"사랑한다 내 딸아, 눈에 보이는 성전은 허물어졌지만 네 마음에 성전을 지어라. 네 마음에 성전을 지어서 모든 사람에게 그 마음으로 대해라."

마음에 성전을 지으라고 하셨다. 그리고 모든 사람에게 그 마음으로 대하라고 하셨다. 그 당시 너무 속상해서 이해는 잘 되지 않았다. 하지만 내 상황을 아시고, 내 마음을 알아주시는 분이기에 다시 한 번 생각하며 위로를 얻었다.

마음을 정리하고 서울로 출발했다. 시간이 흘러 성경을 보며 깨달 았지만 우리 모두가 정말 성전이었다. 내가 성전이었고, 내 앞에 다른 이도 성전이었기 때문에, 우리는 내 삶을 함부로 살아서도 안되 었고, 남에게도 무례하게 대해서도 안 되는 것이었다. 그렇다고 눈에 보이는 교회가 필요 없는 것은 아니었다. 교회는 열심히 씨앗을 뿌려야 했다. 아마 모르기는 해도 그곳에 복음을 들어야 하는 사람이 분명히 있었을 것이다. 내가 보지 못하는 곳에서 하나님은 씨앗을 가꾸고, 잎을 피워, 열매를 내고 계실 것이었다.

"여러분의 몸은 여러분 안에 계신 성령의 성전이라는 것을 알지 못합니 까? 여러분은 성령을 하나님으로부터 받아서 모시고 있습니다. 여러분은 여러분 자신의 것이 아닙니다"(고린도전서 6:19)

몸은 서울로 왔지만, 마음은 여전히 파주에 있었다.

함께 빨래도 하고, 농사철 되면 가서 일손도 돕고 함께 새참도 먹 었던 일, 함께 찬양도 하고, 사람들이 한 명씩 교회에 나타날 때마다 가슴이 뛰던 일들만 생각나고 그리웠다. 일상으로 돌아가려니 아무 것도 손에 잡히질 않았다. 그래서 하나님께 기도했다. 시키시는 일은 무엇이든 하겠다고, 하나님의 일을 하고 싶다고, 하나님의 마음을 알고 싶다고, 하지만 내 힘은 너무 미약하니 혼자서 하라고 내버 려두지 마시고 사람을 붙여달라고 기도했다. 너무 너무 간절했다. 이제는 허물어지는 성전 말고 절대로 허물지 않아도 되는 그런 성전에서 봉사하고 싶었다. 정말 오랜 기도 끝에 응답을 받았다.

"교수를 만나라."

잘못 들었나 싶었다. 그리고 또 다른 말을 기다렸지만, 아무 말씀이 없으셨다. 지금까지 살며 모든 것이 내 능력과 지혜로 되는 것이 아님을 깨달아 알고 있었지만, 막상 어떤 이해할 수 없는 일을 맞닥뜨리면 그 깨달음을 잊었다. 한숨이 나왔다. 교수를 만나라니, 세상에 교수가 한 두 명도 아니고 참 답답했다. 이것은 한양에서 김 서방 찾기가 아니던가.

어떤 교수를 어떻게 만나야하는 것일까 머리가 아팠다. 말씀을 하시려면 선은 이렇고 후는 이렇다고 차근차근 알 수 있게 해주셔야지, 대학 문턱에도 가보지 않은 내가 교수를 어떻게 알아서 만나야 할지, 또 교수가 나 같은 사람을 만나나 줄지 걱정되었다. 그래서 고민하다가 집에 놀러온 내동생 윤숙이를 앉혀놓고 투덜거렸다.

"윤숙아 나보고 교수를 만나래. 내가 진짜 미치겠다. 교수라니 누굴까?"

윤숙이는 멍해진 채 답이 없었다. 그 표정을 보면서 나를 이상하게 생각하고 있다는 것을 짐작할 수 있었다. 사실 그러기는 엄마도 마찬가지셨다. 엄마의 친정은 독실한 기독교 집안이었고, 젊었을 적에는 교회를 다니지 않으셨지만 나이가 들어 다시 신앙생활을 하셨는데 매번 내 믿음을 잘못된 것으로 치부하시며 야단치셨다.

사실 나 역시 그런 마음이 없는 것은 아니었다. 음성을 듣는다는 것은 정말 위험한 일 같았고 번민이 많았다. 더구나 내가 들은 음성은 사람들에게 이야기하며 나눌 수 있는 것이 아니었다. 나도 답답했다. 나는 왜 이러나. 왜 사람들과 공감할 수 있는 길을 가지 못하고 이렇듯 유별나게 굴어야 하나. 이건 내가 뭔가 잘못된 것이다. 확신도 없고, 답답한 마음에 결국 교수 찾기는 포기하고 시도하지 않았다. 하지만 마음에서는 항상 숙제처럼 남아서 나를 짓눌렀다.

4. 교수 만나다

윤숙이가 놀러 와서 책 하나를 들이밀었다. 별반 두껍지는 않아도 자잘한 글씨가 빼곡하게 담겨있었는데, 서명이 참 낭만적이었다.

'석양에 홀로서서'라는 서명이었고, 반대편으로 뒤집자 "하나님, 역사, 민족. 하나님이 이루어 가시는 역사는 어떠한 것인가? 그 역사에 있어서 민족의 시련은 어떤 의미인가? 참 믿음과 참 삶의 자세는?"라고 적혀있었고 "신앙인으로서 인생에 석양이 내릴 때에도 참 믿음과 그에 따른 고독을 지켜 나가리라는 신념을 갖고 있다"라고 적혀 있었다. 마음이 헛헛하던 차에 시간이 날 때마다 그 책을 손에서 떼지 않고 읽어 나가기 시작했다. 구약 성경의 인물들을 주제로 한 신앙 에세이였는데, 모세에 대한 이야기에 감동을 받아 읽고 또 읽었다.

"모세는 자기의 뿌리를 떠나있으면서도 자기가 누구인가 하는 것을 잊지 않았습니다. 이는 모세의 커다란 장점입니다.(중략) 모세는 민족적 감정에서 한 걸음 더 나아가 자기 민족을 어떻게 할 것인가를 고민하기 시작합니다. 지도자로서 성장이란 이렇듯 순수한 데서부터 출발하는 것입니다. 사명감에 사로잡혀서가 아니라 홀연히 무언가를 보는 것에서부터 말입니다.(중략) 모세의 꿈은 자기 민족에 관한 것이었습니다. 때문에 그는 이 민족을 네가 가서 구해오라는 하나님의 음성을 들을 수 있었습니다. 꿈도 없이 빈둥빈둥 놀기만 하는 사람에게 고생하는 민족의 울부짖음이 들리거나 네가 가서 구하라는 하나님의 음성이 들릴 리 없습니다. 큰 문제에 관심을 가지고 있을 때에만 그 소리가 들리는 것입니다."-「네가 서 있는 곳」중 발췌-

하나님의 음성이라는 말에 온 신경이 집중되었다. 도대체 왜 나는 평범한 믿음생활을 하지 못하고, 남이 이해할 수 없는 음성을 듣는 것일까, 잘못된 것이 아닐까 고민이 많았는데 모세도 음성을 들었다고 하니 안심이 되었다. 글에 빨려들 듯 계속 읽어나갔다.

"인류역사는'나'를 찾아서 오늘에 이른 것 같기도 합니다. 소크라테스는 일찍이 너 자신을 알라고 했는데 그 말이 철학의 기본 방향이 되는 이유는 인간, 참 사람은'나'즉 인격에서부터 출발하기 때문입니다. 자기 자신이 무엇인지 완전히 잃어버린 상태에서는 밖으로는 아무리 화려하다 해도 전혀 가치가 없습니다.

(중략)

민족을 위해 살았다는 이들을 고맙게 여기는 이유도 그들을 통해서 이 민족이 나를 찾게 되었기 때문입니다. 성삼문이 훌륭한 까닭도 조선왕조 5백년을 통해 가장 뜻 깊은 일을 치러준 사람들 가운데 한 분이기 때문입니다. 왜냐하면 이 민족이 불우한 것을 보고도 가만히 있는 민족이 아님을 밝힘으로써 우리로 하여금 우리라는 것을 찾게 하였기 때문입니다. 이 민족이 의를 위해서는 목숨도 버릴 수 있는 민족임을 깨우쳐 주었기 때문에 그들이 고마운 것입니다. 이 민족을 위해서 위대한 일을 한 이는 군사 쿠데타로 정권을 잡은 이성계가 아니라 성삼문입니다.

(중략)

이순신 또한 그와 같습니다. 그분은 모욕과 학대와 멸시를 받아가면서 백의종군하여 이 민족을 지켰습니다. 그것은 이 민족이 그냥 일본에 넘어가지 않게 하여 이 민족으로 하여금 자기를 찾게끔 한 것 아닙니까?

(중략)

숙제가 훌륭해야 민족이 훌륭해집니다.(중략) 안중근, 안창호, 이상재, 이승훈, 이순신 이런 분들이 모두 우리가 역사 속에서 누구인가 하는 것을 알려주었기 때문에 그들에게 고마움을 느끼는 것입니다. 이완용 같은 사람은 천명 만명 있어도 소용없습니다. 그런 사람을 통해서 우리는 우리를 잃어버리게 됩니다.

(중략)

모세 시대 당면했던 문제도 그 노예석인 생활을 청산하는 것이었습니다. 노예생활에서 그것도 노예생활을 즐기는 상태에서 벗어나 나를 찾으려면 참으로 어려운 고비를 넘어야 합니다. 그런 사실을 출애굽기에서 읽을 수 있습니다. 그러나 노예생활에서 벗어나려는 노력이 있으면 하나님은 도우신다는 사실을 성경은 기록하고 있습니다.

(중략)

모세는 무엇보다 자신의 민족이 애굽에서 노예생활을 할 숙명의 민족이 아니라 하나님의 택하심을 받은 위대한 민족이라는 자각을 준 것에 위대한 지도자로서의 면모가 여실히 드러난다고 하겠습니다."-「너를 찾아라」중 발췌-

많은 이들이 그러하듯 나도 이순신 장군을 참 존경했다. 내 성격 같으면 확 엎어버리고 관두자고 할 판에 그 억울한 일을 묵묵히 감당하는 것을 보면서 보통 사람은 아니라고 생각했다. 문득 일전에 음성을 들었던 날 나는 정치 같은 것에 관심이 없는데 왜 나한테 그러느냐며 불평했던 일이 생각났다. 이순신 장군도 왜 나한테 그러느냐며 어딘가로 피했다면 그 정도 실력에 자기 목숨 하나 부지하는 것은 뭐 어려웠겠나 싶어 잠시나마 내 태도가 부끄러워지기도 했다.

"지도자는 하늘이 준 사명과 같은 것에만 치우치면 안됩니다. 무엇보다도 일반 민중과 호흡이 통하는 바가 있어야 합니다. 진정한 민중 지도자는 민중 속에서 나와야 합니다. 왜냐하면 사람은 자신의 경제적 조건이나 환경을 넘어서서 존재하기란 어렵기 때문입니다. 경제나 환경을 떼어버리고 인간의 가치나 차원을 설명하기란 어려운 것입니다.(중략) 정직한 사람에게 믿음이 뒤따릅니다. 모세와 민중 사이에도 충돌이 많았지만 이것을 극복하고 그가 끝까지 민중을 인도해 나갈 수 있었던 것은 그의 정직에 바탕을 둔 신뢰 덕분이었습니다. 신뢰없이는 민중의 지도자가 되기 어렵습니다.(중략) 끝으로 중요한 점은 인류 이웃에 대해 봉사하고자 하는 정신입니다. 신명을 바친다느니 어쩐다느니 크게 떠들어 대지 않고 진심으로 민중을 받들고자 하는 사람만이 모세와 같은 참된 지도자가 될 수 있습니다." - 「파라오와 모세」 중 발췌 -

정직이라는 단어가 참 마음에 들었다. 우리 아버지도 나에게 항상 정직을 가르치셨다. 누가보든 보지 않던 정직해야 한다고 하셨다. 신뢰는 정말 중요한 것 같았다. 우리 아버지의 신뢰를 헌신짝 버리듯 버렸다던 그 친척이 생각났다. 저자의 말처럼 인류까지는 몰라도, 자신을 믿은 사람을 배신하는 것은 사람이 할 짓이 아니었다. 자신의 배신으로 한 사람의 삶은 처참하게 망가질 수 있다고 생각하며 아버지를 떠올렸다. 아버지가 보고 싶었다.

"지도자 모세의 첫 과제는 사람과 사람 사이에 억울함이 없는 관계, 즉 정당한 관계가 맺어지도록 하는 것이었습니다.(중략) 모세는 지도자로서 이 점을, 나와 너, 그리하여 이웃끼리 억울함이 없는 정당한 관계를 맺으려면 하나님과 사람과의 관계를 먼저 바로 잡아야 하는 것을 파악했습니다. 그렇기 때문에 〈레위기〉의 으뜸가는 주제는 사람과 하나님의 관계인 '제사'입니다.

(중략)

우리 주변에는 우상이 되길 원하는 사람이 많이 있습니다. 이것은 제사의 대상이 되고 싶어 하는 사람 곧 살았으나 죽은 사람이 많다는 것과 동일합니다. 그래서인지 우상으로 부각되는 사람들은 대개가 불행한 최후를 맞게 마련입니다.

(중략)

희년이란 억울함을 푸는 해입니다. 매인 사람도 빚진 사람도 그것으로 끝내는 해가 있어야지 그 멍에를 지고 어떻게 견디겠습니까. 짐이 무거워 허덕이는 때나 양심적으로 살기에 힘들 때가 있는데 그런 때 이젠 괜찮다는 때가 인간에게 있어야 하는 것입니다. 희년이란 바로 그런 시간입니다.(중략) 우리는 흔히 내 과거는 내 과거니까 어쩔 수 없다 하는데 왜 어쩔 수 없습니까? 이스라엘 민족은 이런 전통이 있기에 고난 속에서도 역사에 남은 민족이 되었는데 그들이 하나님과의 관계에서 우리에게 전하는 것은 우리가 죄 때문에 할 수 없다하는 때에라도 결코 희망을 포기하지 말라는 것입니다. 하나님이 괜찮다는데 무엇이 문제이겠습니까?(중략) 희년은 인간관계의 억울함을 푸는 해일뿐만 아니라 동족끼리 서로 억울하게 해서도 안되는 해입니다.

(중략)

하나님은 늘 약자의 편에 서서 오늘날까지 지나 오셨습니다. 그 힘이 없었다면 인간은 오늘까지 연명해오지 못했을 것이니 역사를 이해한다 함은 바로 하나님의 손길을 이해하는 것입니다.(중략) 하나님께서는 주변에 억울한 사람이 한 명이라도 있어서는 안된다 하셨습니다. 우리 주변에 억울한 사람이 한 사람도 없도록 살아가는

것이 우리 인생에 중요한 목표가 되어야 한다고 생각합니다."–「서로 억울하게 하지 말라」 중 발췌

그날 교회에서 그 음성을 들었을 때 나는 정의면 정의지 기독교적 공의는 무슨 말인지 이해할 수 없었다. 그 당시는 그런 단어가 흔하게 사용되는 말이 아니었고, 나는 정의와 다른 기독교적 공의가 있다고는 단 한 번도 생각해본 적이 없었다. 하지만 이 글을 읽으면서 기독교적 공의란 이런 것이 아닐까 어렴풋하게 이해가 되었다. 세상의 정의는 차갑고, 모든 이를 향해 칼로 잰 듯 동일하며, 과거란 돌이킬 수 없는 내 책임이었다. 하지만 하나님 편에서 보면 달랐다. 하나님의 공의는 바르지만 상대방을 향한 따뜻한 사랑이 있고, 공평하지만 약한 자에게는 너그러우며, 과거를 회복하고 다시 시작할 길이 열려있었다. 책을 손에서 놓지 못하고 계속 읽어나갔다.

"동족이 이민족의 지배 아래에서 시련을 겪는 꼴을 보지 않았으면 편안하게 살았을 것이 아닌가. 또 동족 중의 하나를 이집트 사람이 때리는 현장을 보지 않았다면 좋지 않았을까, 또 보았다 하더라도 못 본체 했다면 그는 편하게 일생을 살지 않았을까 하는 생각도 듭니다. 파라오의 궁전에서 일생을 편안하게 살았던들 누가 뭐라고 했겠습니까? 본디 출신은 히브리 사람이지만 운이 좋아서 파라오의 궁전에 들어가서 공주의 아들로 행세하면서 살았다한들 누가 탓했겠습니까? 역사에는 남지 않았겠지만 그렇게 살다 간 사람이 한둘이 아닌 것입니다.

(중략)

모세가 이스라엘 백성의 고통스러운 울부짖음을 듣지 않았다면…. 하나님만 그 백성의 절규를 들었으면 그만이지 왜 모세까지 들었어야 하나…. 왜 그에게 책임이 주어져야 했나…. 때로는 이런 생각도 듭니다.(중략) 불붙는 떨기를 볼 수 있는 사람이 있고 보지 못하는 사람이 있는데 모세는 불행하게도 그것을 보았습니다. 불붙는 떨기를 보지 못했으면 하는 안타까움을 가질 수밖에 없을 만큼 모세라는 대장부의 일생은 고통에 찬 것 이었습니다. 남이 보지 못하는 것을 보는 사람은 불행한 사람입니다. 남이 듣지 못하는 소리를 듣는 사람은 불행한 사람일 뿐 아니라 고독한 사람입니다. 야훼 때문이 아니라 그는 어쩔 수 없이 가시밭길을 가야하는 사람이 된 것입니다.

(중략)

40일 동안 시나이 산에 머물면서 소위 하나님의 메시지를 받아 내려왔을 때 민중은 무엇을 하고 있었습니까?(중략) 모세는 하나님께 다시 빌어야 했었는데 그 기도야 말로 고독한 것이 아닙니까? 기도라는 것은 여러 사람이 모여서도 하는 것이지만 사실은 은밀한 중에 계신 내 아버지께 은밀하게 해야 되는 것이 기도입니다. 그러므로 기도하지 않는 사람은 사실 고독이 무엇인지 모릅니다. 인간의 참 고독은 기도에 있는 것입니다. 기도할 때의 고독, 기도에서만 위로를 받는 심정, 기도에서만 힘을 얻는 사람, 그가 바로 모세입니다.

(중략)

많은 사람에게서 위로를 받는 것이 아니라 또 다시 시나이 산으로 올라가는 데서 위로를 구하는 사람이 있는 민족의 역사는 장래가 있습니다. 물질적 육체적인 것이 아닌 정신적인 뿌리가 중요한 것입니다. 모세의 고독은 우리가 능히 이해할 수 있으며 나아가 책임이란 민족의'나'를 찾아야 되는 상황이 계속되는 한 언제까지나 고독한 것임을 다시 한 번 느낍니다. -「책임의 고독」중 발췌-

   명확하게 설명할 수는 없었지만 그동안 내가 겪었던 일과 들었던 음성이 하고 싶은 말이 바로 이 책에 담겨있다는 생각이 들었다. 그 음성을 듣고 왜 나에게 이러느냐고 힐난했던 것은 내가 그 불붙는 떨기나무를 보지 못하는 사람, 하나님의 괴로움을 알지 못하는 사람이 아닌가 싶어 마음에 무거움도 일었다. 하지만 어쩔 수 없었다. 그 당시 내 고단한 삶 외에는 아무것도 볼 여유도 없었고, 보이지도 않았다. 하지만 이 분이구나 싶었다. 저자가 누군가 싶어 책 말미를 펴서 보니 연세대학교 교수라고 적혀있었다.
   당장 윤숙이를 찾아갔다.
   "이 분이네, 이 분이야! 너 이 사람 어떻게 알았어?"
   윤숙이는 망설이다가 조심스럽게 이야기를 꺼냈다. 나와 달리 여성스럽고 조심스러운 성격의 윤숙이는 내가 어떤 음성을 들었다고 이야기 할 때마다 항상 걱정되고 멍했다고 고백했다.
   윤숙이는 그동안 나에게 말은 안했지만 내가 김동길 교수를 만난다고 하니깐 하는 말이라고 했다. 윤숙이는 그 당시 모 호텔에 성리부에서 근무를 하고 있었다. 내가 교회를 할 때도 물질적으로 도움을 주고 여러모로 많은 도움을 주었다.

82년도 어느 봄날 점심시간때 우연히 옥상에 바람을 쐬러 갔는데 옥상에 비에 젖은 흔적이 있는 여성월간지가 있어 뒤적이었다고 한다. 그 당시 이대 총장인 김옥길 선생님이 인터뷰한 기사가 있어 읽었다고 한다. 사회적으로 훌륭하신 분이 마음이 비단같이 곱고 아름다우시네 하면서 속으로 생각을 하고 읽어 내려가는데 연대 김동길 교수가 동생이라는 내용도 나오면서 같이 찍은 사진이 있었다고 한다.

그 사진 속 남매의 모습은 평화롭고 부족함 없이 보였다고 했다.

김옥길 총장님께 남동생이 있구나 하고 생각하는 동시에 갑자기 하늘 높은 곳 뒤에서 "한 조각을 위로하라" 하며 세미한 음성이 들려 뒤를 돌아보니 아무도 없었다고 한다. 다시 하늘을 보니 맑은 하늘에 나란히 두 개의 구름만 보였다는 이야기였다.

나는 더욱 확신이 갔다. 한양에서 김서방 찾기라고 교수 찾기는 포기했는데, 하나님이 상황으로 마음으로 모든 길을 인도하고 계시는구나 싶었다. 지난번 개척할 때도 그렇지만, 모든 일은 하나님이 다 하셨다. 그리고 내게는 매번 단 한 걸음 앞만 보여주시지 그 이상을 가르쳐주지는 않으셨다.

'이분이구나! 틀림없이 이 분이구나'

확신은 갔지만 바로 이 분을 찾아가지는 못했다. 그는 교수니까 공부도 많이 한 사람이고 지성인인데, 내가 가서 무슨 말을 해야 하나, 대학생도 아니고 어디 내놓을 명함이 있는 사람도 아닌 나를 만나나 줄까 싶기도 했다.

또한 믿음이 좋은 사람 같기는 하지만 하나님 음성을 들었다고 하면 나를 미쳤다고 하지 않을까, 우리 엄마도 나를 이해 못하는데 이 사람인들 나를 이해해줄까? 나는 정신이 멀쩡하고 이성도 있는 사람인데 이제는 하다하다 미친 사람 취급까지 받아야 한다고 생각하니 망설여졌다.

머칠을 고민하다가 일단 저질러보자, 미친 여자 소리를 듣게 되면 듣자 싶은 비장한 각오로 연세대학교에 전화를 걸었다.

"김동길 교수님 바꿔주세요."

"김동길 교수님은 이제 학교에 안계십니다. 댁으로 전화를 해보십시오."

수화기 너머 상대방은 김동길 교수님을 바꿔주는 대신 그의 전화번호를 알려주었다. 어떻게 말을 꺼내야하나 마음이 콩닥거리며 마구 뛰었는데, 바로 연결되지 않으니 감사한 마음까지 들었다. 그리곤 다시 그 수화기 너머 사람이 알려준 번호로 전화를 걸었다.

"김동길 교수님이세요?"

"저는..비서입니다만 실례지만 누구십니까?"

이번에도 김동길 교수님과는 통화를 하지 못했다. 전화를 받은 남자는 자신을 김동길 교수님의 비서로 소개하며, 김동길 교수님을 만나고 싶으면 만나려는 목적을 편지로 써서 가지고 오라고 했다.

만나면 어떻게 이야기를 해야 하나 걱정이었는데, 편지로 정리하니 훨씬 더 잘된 일이라는 생각이 들어 편지를 쓰기 시작했다. 하지만 한편으로는 교수님을 만나는 일은 원래 이렇게 복잡한 것일까

싶기도 했다. 그만큼 나는 김동길 교수님의 신변에 대해 아는 것이
없었다.

안녕하세요.

저는 이화숙이라는 평범한 가정주부입니다. 저는 하나님께서 교회를 개척
하라고 하셔서 파주에 교회를 개척했었고, 설교를 준비하던 어느 날 대통령에
대한 비전을 들었습니다. 도대체 너무 기가 막힌 이야기에 그럴 거면 누군가를
만나게 해달라는 제 기도에 하나님께서는 교수님을 만나라고 하셨습니다. 그
래서 저는 박사님을 만나고 싶습니다.

1983. 9.

이화숙 올림

며칠 후 비서에게 연락이 왔다. 김동길 교수님이 편지를 읽더니
나를 만나자고 했다고 전했다. 그래서 그 분을 찾아가 편지에 다하
지 못한 이야기를 주저리주저리 풀어놓았다. 한참을 듣던 김동길 교
수님은 "그래 알았소. 근데 대처 수상보다 인상이 더 낫네. 그래. 다
음에 또 봅시다" 하며 몇 마디 하시고는 나를 집으로 돌려보냈다.
하나님의 음성을 듣고 그를 만났다고 하기는 너무 밋밋한 만남이었
다.

하나님은 그 후 이것과 관련해 아무런 말씀이 없으셨다. 다만 몇
달 후 김동길 교수가 연세대학교에 복직이 되었다는 소식을 들었고,
유명세를 타는 것도 보기 시작했다. 알고 보니 참 잘난 분 같았다.
그런데 왜 하나님은 윤숙이에게 한 조각을 위로하라고 하셨을까?

나도 윤숙이도 이해할 수가 없었다.

　우리가 이해할 수 없었던 것은 윤숙이와 내가 정치와 사회에 무지한 사람들이었다는 것을 뒤늦게 알았다. 김동길 교수님이 대학에서 학생들을 가르치는 교수임에도 왜 학교가 아닌 집에 있었는지도 그때는 알지 못했다. 그 후로도 가끔 찾아뵈었지만 왜 학교가 아닌 집에 있었는지 여쭤보지 않았고, 김동길 교수님도 내게 일언반구의 말이 없었다. 그래서 나는 하나님은 왜 교수님을 만나라 하고는 교수가 아닌 사람을 만나게 인도하셨을까 생각했고, 혹시 이 사람이 아니라면 알려달라고 열심히 기도만 하고 있었다.

　시간은 1970년대로 거슬러 올라갔다.
　그때는 참 어수선한 시절이었다. 이런 저런 소문이 많았고, 우리 같은 힘없는 사람들은 그저 조용하게 지내는 것이 최고의 지혜라 생각하며 살았다. 그도 그럴 것이 누가 이런 말을 해서 이렇게 되었다더라하는 무시무시한 이야기가 참 많았다. 이런 뒤숭숭한 소문들이 널리 퍼지는 만큼 공포도 그렇게 우리 삶에 넓게 스며들었고, 우리는 귀와 입을 꾹 닫았다. 그리고 어느 순간부터인가 보는 것도 듣는 것도 잊어버렸다. 그것을 우리는 지혜라고 생각했다. 그런데 그 지혜를 거부한 대학생들은 1973년 겁도 없이 시위를 벌이기 시작했다.
　그리고 1974년 긴급조치 제4호가 발동되었다.
　김동길 교수님도 포함되어 있었다. 김동길 교수님의 죄명은 학생들이 불순세력과 결탁하도록 뒤에서 조종했다는 것이었고, 징역 15년 형을 선고받아, 항소를 포기한 채 안양교도소에서 복역을 시작했다. 그러나 그의 수감생활이 길지는 않았다고 했다. 석방 시위가 날로 격렬해졌던 덕에 이듬해인 1975년 2월 학생들과 함께 석방되었다고 한다. 하지만 학교로 돌아가는 것은 허락되지 않았다. 그래서 김동길 교수님은 다시금 가시밭길을 선택했다.

1980년 그는 다시 학계, 언론계, 종교계가 함께 발표한 지식인 104인 시국선언에 참여했다.

그리고 1984년, 내가 김동길 교수님을 만난 지 몇 달 후 그는 연세대학교 교단에 다시 설 수 있게 되었다. 그러니까 나는 교수님을 만난 것이 맞았다. 그리고 그 당시에는 몰랐지만, 윤숙이가 들었다던 "한 조각을 위로하라"는 말은 맞는 말이었다. 김동길 교수님이 너무 싫어하시는 말이지만, 살아남았으나 그 모진 세월에 대한 기억과 떠나버린 이들에 대한 슬픔을 묵묵히 견디고 있는 그를 보는 하나님은 항상 그를 위로하고 싶으셨나 보다.

2007년이 되어서야 모든 이들에게 무죄가 선고 되었다.

하지만 다시 말하지만 나는 그 당시에는 전혀 몰랐다. 하나님이 왜 나에게 그를 만나라 했을까? 내게 무슨 필요가 있는 사람일까? 만 생각하느라 하나님의 마음이나 계획을 깨달을 여지가 없었다. 그래서 하나님의 일하심을 보고 아는 것에 그렇게 오랜 시간이 걸렸는지도 모르겠다. 그리고 30년이 지난 어느 날 내 마음이 '석양에 홀로 서서'라는 책에 고스란히 담겨있었음도 그때는 몰랐다.

뒤돌아 생각해보면 사명은 참 무거웠고 이해되지 않는 것으로 갈등이 참 심했었다. 하지만 이 시기가 있었기에 내 인생 끝없이 공부하고, 생각하고, 하나님을 구할 수 있지 않았나 싶다. 잘 생각해보면 나는 왜 이렇게 평범한 길을 가지 못하느냐고 푸념을 했지만, 내가 진정 원한 것이 이런 인생이 아니었을까 생각한다. 인생에 아무런 의미가 없어 자살하려고 했던 나를 기억해보면, 나는 편하게 사는 것 보다는 의미있는 인생을 살고 싶은 소망을 품은 사람이 아니었을까 생각한다. 나는 순간순간 많이 넘어지고 일어나기를 반복했지만, 사명이 있었기에 넘어졌다가 일어서기를 포기하지 않았을 것이라고 생각한다.

의인은 7번 넘어져도 8번째 일어나야한다.

"주를 앙망 하는 자 올라가 독수리같이…."라는 찬송가 가사가 있다. 우리가 살고 있는 지구에 대자연은 하나님의 교과서이다. 그래서 성서에는 모든 비유의 말씀이 자연이다.

독수리의 생애를 우연히 본 적이 있다. 독수리는 40년을 살면 부리와 발톱과 무거운 날개로는 살아갈 수 가 없다고 한다. 그래서 독수리는 그대로 죽거나 아주 힘든 과정을 통해 변하거나 하는 결단을 내려야한다. 독수리는 높은 곳에 둥지를 틀고 사냥할 수 없는 부리를 바위에 스스로 깨어 부시고 다시 새 부리가 날 때까지 기다렸다가 부리가 나면 발톱을 뽑기 시작한다. 새 발톱이 나면 무거운 날개를 다 뽑아내기 시작한다. 독수리는 새로 얻은 부리와 발톱과 날개로 30년을 더 산다고 한다. 삶 자체가 고통이다. 그러나 고통 없이 이루어지는 것은 없다. 지금 와 생각하면 나의 고통이 오늘날 내가 존재하는 것이다.

고통은 하나님께서 나의 영혼을 조각하시는 망치 소리이고 고통
은 나에게 축복을 주시기 위한 전주곡임을 조금씩 깨닫기 시작했다.

"대저 의인은 일곱 번 넘어질지라도 다시 일어나려니와 악인은 재앙으로
말미암아 엎드러지느니라"(잠언 24:16)

제5장

나를
훈련시키시는
하나님

1. 내 꿈 내 집

나는 가난했고, 지하 단칸방에 월세로 살고 있으며, 조금 있으면 학교에 진학해야 하는 자식이 둘이나 있었다. 남편은 성실하고 직업이 있었지만 내게 생활비를 주지 않았다. 그래도 다행인것은 나는 건강했고, 무슨 일이든 할 각오가 되어 있었다.

돈을 벌기로 했다. 돈을 벌고, 열심히 살며, 자식을 양육하는 것이 하나님이 정말 원하시는 일이라고 생각했다. 그래서 이제는 소원을 바꿨다. 하나님을 사랑하는 마음은 변함이 없고, 충성하겠지만, 이제부터 내 소원은 서울 하늘 아래 내 집 장만이었다. 이것도 하나님의 일이라고 생각했다.

취직을 하려고 문방구에서 이력서를 사고, 사진도 찍었다. 처음에는 곧 직장을 구할 것이라는 기대를 했었는데, 시간이 지날수록 이력서를 쓰는 것이 일과가 되었고, 아무런 답이 없는 것이 실망이 아닌 당연한 것으로 굳어지고 있었다. 가끔 은행을 지날 때가 되면 은행 직원들이 한없이 부러워 쳐다봤다. 이력서를 쓰려고 신문을 뒤적일 필요가 없는, 이력서를 쓰려고 글씨연습을 하지 않아도 되는, 이력서를 보내고 답이 없어 실망할 필요가 없는 저들이 부러웠다. 그래서 은행 앞을 지날 일이 있으면 일부러 먼 길로 돌아서 은행이 보이지 않는 곳으로 다녔다. 그리고 기도했다.

"하나님 무슨 일이라도 좋으니 일할 곳을 주세요. 저에게 주신 자녀들을 키울 수 있도록 저에게 은혜를 베풀어 주세요. 얼마든지 낮은 자리라도 좋습니다. 저에게 가르칠 곳이 있는 곳으로 저를 인도하여 주세요."

희망이 없던 어느 날 병원에서 연락이 왔고 드디어 일을 시작할 수 있었다.

응급실을 청소하는 일이었다. 응급실을 청소하는 것은 쉬운 일은 아니었다. 보고 싶지 않은 것이 참 많았다. 하지만 일을 할 수 있게 되어 감사했고, 시간이 지나면서 응급실이 참 특별한 장소라는 사실에도 감사했다. 그곳은 생과 사의 갈림길에 있는 묘한 장소였다.

구급차가 사이렌 소리를 울리며 가까이 오면, 의사들 뿐 아니라 나처럼 청소하는 사람들도 긴장을 하며 대기한다. 사이렌은 목숨이 경각에 있거나, 엉망이 된 신체를 가진 사람들을 싣고 오는 경우가 많았다. 일을 하다가 사고를 당해서 처참하게 찢겨진 채 피와 흙으로 뒤범벅이 되어 실려 온 굴착기 운전기사도 있고, 밥을 먹다가 갑자기 쓰러져서 숨도 제대로 쉬지 못해 오는 사람도 있으며, 술을 마시거나 다툼을 갖다가 흉상을 입고 들어온 사람도 있다. 또는 갑작스러운 교통사고로 얼굴을 비롯한 온 몸에 피가 범벅이 된 채 들어오는 사람도 있고, 화재로 처참하게 살이 벗겨져서 들어오는 사람도 있다. 이런 사람들이 들어오고 나면 잠시 후 그들의 가족이 황망한 모습으로 뛰어 들어와 통곡을 하며 의사를 찾아댄다. 그리고 의사들을 붙들고 자신의 가족을 살려달라고 애원한다. 그 애원에 의사들의 답은 똑같다.

"살려주세요, 제발. 네? 우리 아들 저렇게 죽으면 안돼요. 불쌍해서 안돼요. 제발 살려주세요. 네? 제가 어떤 자식이냐면요….."

의사는 그 말을 다 들을 시간이 없다. 그에게는 촌각을 다투는 환자가 여럿이다.

"저는 신이 아닙니다. 최선을 다할 뿐입니다."

그리고는 사라져버린다. 틀린 말이 아니었다. 의사는 신이 아니고 한계를 지닌 인간일 뿐이었다. 생사화복을 주관 하시는 분은 하나님이시고, 오늘 하루 살아있는 것이 기적이었다. 요란한 사이렌 소리를 내며 함께 실려 왔어도 한 명은 죽고 다른 한명은 살기도 한다. 시간이 지나 누군가는 살아서 걸어 나가지만, 한동안 생명유지 장치에 의존하다가 결국 세상을 떠나버리는 사람도 있다. 같은 자리에 있었고, 같은 일을 겪었다고 해도 모든 생명이 같은 길을 가는 것은 아니었다.

"그 때에 두 사람이 밭에 있으매 한 사람은 데려가고 한 사람은 버려둠을 당할 것이요, 두 여자가 맷돌질을 하고 있으매 한 사람은 데려가고 한 사람은 버려둠을 당할 것이니라. 그러므로 깨어 있으라 어느 날에 너희 주가 임할는지 너희가 알지 못함이니라"(마태복음 24:40-42)

생명이 내 것이 아니었다. 내 것이라면 언제 태어나며 언제 죽을지 내가 알고 결정할 수 있어야 하는데 우리는 그럴 수 없다. 모든 생명의 주관자는 자신이 아니고 하나님이셨다. 그런데 왜 사람들은 자기가 인생의 주관자라고 생각하면서 하나님을 받아들이지 않는 걸까 싶어 답답했다.

가끔은 보호자에게 다가가 생명을 주관하시는 분은 오직 그 한분이신 것을 전하고도 싶지만, 그럴 수가 없다. 지금의 내 본분은 전도가 아니라 청소부로서 일을 하는 것이다. 다만 저 사람들이 살아서 나가 구원의 소식을 접할 기회를 얻기를 기도할 뿐이다. 모든 주권자는 하나님이심을 그곳에서 매일매일 보고 배웠다.

"이 생명을 내게서 빼앗아 갈 자는 없지만 내가 스스로 버린다. 나에게는 생명을 버릴 권한도 있고 다시 가질 권한도 있다. 이것은 내 아버지에게서 받은 특권이다"(요한복음 10:18)

분명히 배울 것이 있는 응급실이었지만 생과 사를 넘나드는 장면을 매일 보는 것은 마음에 버거웠다.

더 이상 죽음을 보기도 그 통곡소리도 듣기가 두려웠다. 이제는 죽음이 아닌 생명이 있는 곳에서 일하고 싶다고 기도했고, 그 기도대로 산부인과에 가서 일할 기회를 얻었다. 같이 일하는 동료가 산부인과 세탁실에서 일할 사람을 구하는데 보수도 좋다고 했다. 당장에 지원했고, 일을 시작했다.

산부인과는 응급실과 달리 매일 생명의 탄생으로 기뻐하는 이들이 오고 갔다. 다만, 자식을 낳아본 엄마들은 알 것이다. 한 생명이 세상에 나오기 위해 그 모체가 얼마나 심한 고통과 피를 흘려야 하는지를 말이다. 내 일은 그 피 묻은 시트나 환자복을 수거하고, 세탁하며, 세탁된 것들을 다시 제 자리로 돌려놓는 일이었다. 응급실에 있을 때는 항상 마음이 분주하고 구급차 소리만 들려도 가슴이 콩닥거렸는데 산부인과 세탁실은 마음이 평안했다. 깨끗해진 세탁물을 보는 것이 좋았다. 몸은 젖은 솜처럼 피곤했지만 영혼은 엄마 배속의 태아처럼 평안하게 자라고 있었다. 산모의 피에 젖은 세탁물 빨래를 하면서 주님께서 우리에게 생명을 주시기 위해 십자가 사건도 매일 묵상할 수 있었다.

"주님가신 길 십자가의 길 외롭고도 무거웠던 길,

골고다의 거친 언덕길 지치신 주님의 음성.

오! 나의 주님 용서하소서 죄인 위해 고난 받으셨네.

이 세상에 생명 주시길 그렇게도 원하셨던 길"

피와 오물로 지저분하던 시트와 환자복이 깨끗하게 내 손에 돌아오는 것을 볼 때마다 우리를 회복시키기 위해 예수님이 흘렸던 피를 묵상했고, 그 십자가 고통을 피부로 느꼈다.

그 때마다 결심했다. 이미 많은 죄로 주님 마음을 아프게 했지만, 이제는 절대로 주님의 마음을 아프게 하는 일이 없을 거라고 말이다. 하지만 그 마음이 항상 그런 것은 아니었다.

"만물보다 거짓되고 심히 부패한 것은 마음이라 누가 능히 이를 알리요마는"(예레미야 17:9)

아들과 딸이 커가면서 경제적 부담도 커져만 갔고, 돈에 대한 내 마음도 커져갔다.

남편과 둘이 살 때에는 밥이 없어 배가 고파도 괜찮았지만, 자식들 입에 맛있는 것 넣어주지 못할 때는 눈에서 피눈물이 났다. 더구나 하필이면 강남 삼성동에 자리를 잡아 내 자식이 주변 잘 사는 집 자식들과 비교를 당할 때마다 도대체 왜 이런 곳에 터전을 잡았을까 가슴을 쳤다.

나와 남편은 이미 매일 싸우면서 어린 자식들 가슴에 충분히 상처를 입혔으니, 이제는 어떤 일로도 자식들 가슴에 상처주거나 기를 죽이기는 싫었다. 그래서 남편이 생활비를 주지 않아도 싸우지 않고 그저 참았고, 잘사는 남의 집 자식이 유명한 스포츠 브랜드 운동화를 신으면 내 자식들도 신겨 학교에 보냈으며, 남의 집 자식들이 일류 강사에게 과외를 해서 성적이 좋아진다고 하면 내 자식도 학원에 보냈다.

이런 나를 보면서 남편은 돈 모을 생각은 하지 않고 쓸 생각만 한다며 야단이었지만, 어쩔 수 없었다. 나도 돈을 모아서 자식들에게 가난이 아닌 부유함을 물려주고 싶었지만, 그렇다고 부자가 되기 전 자식들이 누릴 것을 포기하게 만들고 싶지는 않았다. 그래서 더 열심히 일했다. 이제는 일 하나로 이 모든 것을 감당할 수 없었다. 그래서 새벽부터 자정까지 뛰면서 일을 두 개씩 했다.

새벽에 일어나서 사무실이나 빌딩 청소를 했고, 청소가 끝난 오후부터는 세차장에 가서 세차를 했다. 파출부로 일하기도 했고, 식당에서 설거지와 음식 나르는 일도 했으며, 공장에서도 밤낮 쉬지 않고 일을 했다. 일을 무서워하거나, 몸을 아끼지 않았다. 돈을 벌고 싶다는 마음이 강해 신앙적 양심에 거리끼지 않는 일은 무엇이라도 했다.

내가 그렇게 정신없이 여러 직업을 전전하며 살 동안, 남편도 그렇게도 싫어하던 교회 버스기사를 그만두고 아파트 관리소에 전기기사로 취직했다. 아파트 관리소에서는 남편을 기사님이라고 불러주었고, 분기별로 점퍼 등 유니폼과 새 옷을 지급받았는데 그는 그 옷을 그렇게 좋아했다. 마치 새 옷이나 신발을 선물 받은 아이들 마냥 집에 가져와서는 쓰다듬고, 입어보고, 거울 앞에서 시간 가는 줄 모르고 이리저리 움직이며 서있었다. 나이 들어 참 주책이다 싶었지만 안쓰럽기도 했다.

그는 돈을 벌 줄만 알지 쓸 줄을 몰랐다. 자기 옷 한 벌 사는 것도 아까워했다. 그런데 관리소에서 매 철마다 자기 돈 쓰지 않아도 새 옷이 나오니 좋아하는 것도 당연했다. 자기에게도 돈을 안쓰지만 우리에게도 마찬가지였다. 공공요금 낼 돈 외에는 생활비 한 푼도 주지 않았다. 나에게 모질게 굴어 세상에서 제일 미운 사람이기도 했지만, 이런 모습을 대할 때마다 참 안쓰럽기도 하고 피식 웃음이 나왔다.

내 소원이 달라지니 믿음의 모습도 달라졌다. 예전에는 저녁이 되면 새벽을 기다렸고, 새벽이 되면 교회 갈 시간을 기다려 새벽예배에 갔었다. 하지만 이젠 더 이상 그러지 않았다. 이젠 새벽을 기다리기는커녕 저녁이 끝없이 길어서 조금이라도 더 잠을 잘 수 있기를 바랐고, 새벽에 일어나면 아들과 딸 먹을 음식을 해놓고 정신없이 일터로 뛰어갔다. 오직 집 장만의 꿈을 위해서 불철주야 열심히 뛰고 또 뛰었다.

하나님 앞에 바로 서있나 싶으면 어느 순간 엎어지고 자빠졌으며, 쓰러졌나 싶으면 회개하고 다시 일어났고, 걷나 싶다가 뛰었으며, 뛰고 있나 싶으면 멈추는 등 했고 나는 사슴이 시냇물을 찾듯 나의 영혼은 목말라 있었다. 이런 나와 달리 하나님은 변함이 없었다. 변함없이 나의 길을 인도하셨고, 그분의 계획에 흔들림이 없었으며, 힘들어 죽을 것 같은 순간에는 좋은 사람들을 곁에 붙여주셔서 이겨낼 수 있게 해주셨다.

변하지 않는 것은 그것 외에 또 있었다.

나는 그날 들었던 그 음성을 하루 한 순간도 잊지 않았다. 물론 의문도 끊이지 않았다. 정말 하나님의 음성이 맞는지, 내가 잘못된 것은 아닌지, 김동길 교수님을 만나야했던 것이 맞는지 생각할수록 답답했다. 주일예배는 드렸지만 교회에 소속되어 생활하는 것이 아니었기 때문에 이런 고민을 털어놓을 사람도 없었으며, 사람이 있다 해도 털어놓을 수 없었다.

매일 고민하다가 신학을 정식으로 공부해보기로 했다. 성경말씀을 제대로 공부하는 사람은 그런 음성을 믿지 않는다고도 했고, 영적 분별력이 생긴다는 말도 들은 것 같았다.

망설이며 기도하던 끝에 총신대학교 부설 연구소에의 신학과정에 등록을 했다. 매주 레포트를 작성해서 제출하면 되었고, 학비도 그리 크게 부담스럽지 않았다. 그러나 직장생활하면서 아이들 키우면서 공부를 한다는 것이 쉽지 않았다. 그래서 나는 중도에 포기를 하고 독학으로 성서와 서적을 통해 공부하기로 하였다. 성경을 읽다가 모르는 것은 도서관이나 서점을 찾아가 책을 읽었고, 그래도 해결이 되지 않는 것은 알려달라고 기도했다. 감사하게도 그때마다 적절한 방법으로 깨달을 수 있도록 인도하심을 받았지만 사실 내 마음은 많이 지쳐있었다. 이제 해결되지 않는 그 숙제는 잊고 싶었다. 그때 김동길 교수님이 새로운 일을 시작한다는 소식을 들었다.

2. 태평양시대위원회의 시작

하나님 명령이라고 생각했기 때문에 자주는 아니지만 감동이 있을 때마다 김동길 교수님을 방문하곤 했다.

가끔 윤숙이와 함께 찾아뵈었고, 나 혼자 찾아뵙기도 했다. 김동길 교수님의 정계 참여를 비롯한 여러 활동에 그저 바라보며 기도만 했다. 내가 딱히 할 일은 없었지만, 하나님의 섭리였는지 나와 김동길 교수님 사이의 끈을 끊임없이 이어지고 있었다. 그 끈을 잇는 과정은 때로는 지루하고, 이해가 되지 않았으며 신앙적 갈등도 무척 컸다.

그러던 중 김동길 교수님이 1993년 태평양시대위원회를 발족한 다고 하셨다.

김동길 교수님은 세계의 헤게모니는 로마가 위치한 지중해시대 를 거쳐, 해가 지지 않는다던 영국의 대서양시대, 그리고 대서양과 태평양을 모두 끼고 있는 미국을 거쳐 이제 태평양시대가 온다고 했다. 태평양시대를 이끌어 갈 만한 나라로는 중국, 일본 그리고 우 리나라인 대한민국이 있는데, 우리가 그 시대를 다른 나라보다 앞서 준비해서 태평양시대가 올 때 부흥의 꽃을 피울 수 있다고 했다. 김 동길 교수님이 정계를 떠나 태평양시대 위원회를 발족하신다는 소 식을 듣고 하나님께서 "교수를 만나라"는 주님의 음성이 피부에 와 닿았다. 내가 할 일을 찾은 것 같았다.

태평양시대위원회 취지문

우리는 세계사의 흐름이 머지않아 태평양이 중심이 되어 전 세계의 문명, 문화를 이끌어 나가야 하는 새로운 시대가 다가왔음을 일러주고 있다고 믿으며, 특히 한반도가 새로 등 장하는 태평양시대의 주역을 담당해야 한다는 역사적 사명감 을 절실하게 느끼고 있습니다. 강변문화의 시대를 거쳐, 에게 바다를 무대로 삼은 그리스 사람들이 등장하여 한 때 문화의 꽃을 피웠고, 그 꿈은 이탈리아 반도의 로마 사람들이 이어받아 이른바 지중해 시대를 만들어 냈습니다.

 "빛은 동방으로부터"라는 역사의 큰 원칙에 따라, 로마제국이 무너지면서 문명의 중심은 지중해를 떠나 대서양으로 옮겨갔습니다. 유럽의 여러 나라들과 그 문화적 유산을 이어 받은 미국이 주도권을 거머쥐고 천하를 호령하던 대서양의 시대도 20세기와 더불어 서서히 저물어 가고 있습니다. 드디어 태평양시대가 우리들의 눈앞에 다가왔습니다.

 태평양을 끼고 문화생활을 힘써온 겨레들 중에 으뜸은 중국, 한국, 일본 세 나라 백성인데, 그 중에서도 가장 큰 일을 해야 할 백성이 한국인이라는 사실을 우리는 의심하지 아니합니다. 새 시대를 이끌어 나가야 할 이 겨레의 젊은이들에게 높은 수준의 민주주의를 가르치고, 높은 수준의 도덕생활을 힘쓰게 하고, 높은 수준의 생산능력을 지니게 하기 위해 태평양시대위원회를 만들고 그와 관련된 사업을 추진합니다.

김동길 교수님의 생각을 이해하고 동의하며 뜻을 함께 하는 이들이 많았는데, 이들 대부분은 이화여자대학교와 연세대학교의 교수들이었다. 그들에 비하면 나는 너무 부족한 사람이지만 어떤 면에서든 힘을 보태기 위해 태평양시대위원회의 평생회원으로 가입했다. 그 당시는 경제에 대한 관심이 민주주의와 같은 정치적 관심을 덮기 시작할 즈음이었다. 정치계에 환멸을 느끼고 있었고 달라지기를 바랐지만 그래도 별반 관심은 없었다.

나는 김동길 교수님이 하시는 일이니 모른 채 하고 싶지는 않았다. 내가 만나야 하는 사람이 이 분이 정말 맞다면 이 일도 내가 해야 하는 일이라고 생각했다. 하지만 위원회 안에는 내가 할 일도, 맡겨준다 해도 할 수 있는 일도 없었다. 그래서 내가 할 수 있는 일을 외부에서 하자 싶어 태평양시대위원회를 홍보하기 위해 내 방식대로 뛰었다. 태평양시대위원회 홍보문구를 아래와 같이 며칠 밤 고심해서 썼고, 사비로 홍보지를 제작했으며, 시간이 나는 틈틈이 지하철역에 나가 홍보지를 사람들 손에 쥐어주었다. 윤숙이도 나와 함께하며 그 일을 도왔다.

"태평양시대 위원회는 사랑과 정직으로 역사의 주인공이신 예수님께 믿음의 눈을 고정시키고 선장이신 주님과 성경책을 나침반으로 삼아 조국을 위해 먼 항해를 시작했습니다. 대한민국은 민주주의를 정착하고 세계 속의 통일된 조국을 후손들에게 물려주기 위해 최선을 다할 것입니다. 여러분의 기도와 후원이필요합니다. 감사합니다. - 태평양시대위원회 회원올림."

사람들은 내가 쥐어주는 홍보지에 관심이 없었다. 홍보지를 받은 사람들은 읽어보지도 않고 버리기도 했다. 홍보지가 효과가 없다는 생각이 들자 전국교회에 편지를 보내 태평양시대위원회를 알리고 기도부탁을 했다. 그리고 국민일보에도 태평양시대위원회를 홍보하는 광고를 내보냈다.

3. 돈의 위력

직업에 귀천이 없다지만 일을 하다보면 과연 그 말이 맞는 것일까 싶은 날이 많았다.

그동안 내가 했던 일은 주로 몸을 쓰는 일이고, 정직한 일이며, 꼭 필요한 일임에도 남에게 대접받을 수 있는 직업은 아니었다. 육체적으로 많이 힘들고 고되었지만 돈은 적었고, 꼭 필요한 일을 함에도 불구하고 사람들은 나를 꼭 필요한 중요한 사람으로 인식해주는 대신 얼마든지 대체 가능한 인력으로 생각했다. 억울하고 마음이 상하는 일도 참 많았지만 돈을 벌려면 어쩔 수 없다고 생각하고 지나치는 날이 많았다. 배운 것도 기술도 없으니 당연하다고 생각하면서도 한 번쯤 다른 직업을 가져보고 싶어 기도했다. 사실 그때는 몸이 너무 지쳐있어 잠시라도 쉴 시간이 필요한 시기이기도 했다.

많이 지쳐있던 그 시기에 놀랍게도 기도처럼 강남에 위치한 한 빌딩 관리인으로 취직을 할 수 있었다.

모르는 사람들은 빌딩 관리인이 별 것이냐고 우습게 알 수도 있지만 모르시는 말씀이다. 빌딩 관리인은 그 빌딩의 주인은 아니지만, 주인의 자리에서 빌딩을 아끼고 보살피는 사람으로 그 빌딩이 어떻게 운영되는지는 관리인의 손에 달려있었다.

내가 일하게 된 빌딩은 강남에 위치하고 있었고, 주인은 음향 사업을 하는 사람으로 중랑구에 살고 있었기 때문에, 건물주는 내게 관리 전반을 모두 맡기고, 가끔 들르거나 전화를 해서 상황을 파악

하는 것이 전부였다. 건물의 등기만 주인의 이름으로 되어있고, 임대료만 그의 통장으로 들어가는 것뿐이지, 주인이 없는 동안은 바로 내가 주인이었다. 몸을 쓰는 힘든 일도 없고, 사람들에게 억울한 하대를 당하는 일도 없었으며, 급여도 꽤 많았다. 이런 직업이 내게까지 오다니 하나님 은혜가 아니고는 불가능한 일이었다.

나는 감사한 마음에 청지기 마음으로 성실하게 관리를 했다. 사무실에 있는 물건들은 사소한 것이라도 다 주인의 것이니 손을 대면 안된다고 생각했고, 빌딩을 오가다가 쓰레기가 떨어져있으면 일일이 주웠다. 물청소도 곧잘 했으며, 위에서 내려다보다가 주차장에 사람 손이 부족하거나 주차가 엉망이면 뛰어나가서 주차일도 봐주곤 했다. 그런가하면 빌딩을 오가다가 표지판이 필요하다 싶으면 얼른 문방구에 뛰어가 코팅을 해서 보기 좋게 붙여놓았고, 흡연금지구역에서 누가 담배를 꺼내기라도 할라치면 보고 있다가 야단을 쳤다.

정말 빌딩에 눈을 대고 살았다. 물론 월급 외에는 내가 빌딩 관리를 위해 쓰는 어떤 경비도 주인에게 청구하지 않았다. 이 직업이 너무 마음에 들어서였고, 이 빌딩을 내게 믿고 맡겨준 준 주인에게 감사했으며, 넉넉한 월급 때문이었고, 아버지의 가르침을 잊지 않은 이유이기도 했다. 아버지는 생전에 항상 말씀하셨다.

"화숙아, 남의 것은 절대로 눈을 돌려서는 안된다. 누가 보든 안보든 1원 한 푼 손을 대서는 안된다."

주인은 가끔 들를 때마다 정돈이 잘되어있거나, 개선된 것들이 눈에 보이면 수고했다면서 내가 쓴 경비 이상의 돈을 주는 날도 있었다. 처음에는 괜찮다고 사양하기도 했지만, 건물주 역시 잘 관리해 주어서 고맙다고, 새어나가는 경비가 줄어서 주는 거라고 말하며 끝까지 돈이 든 봉투를 거두지 않았다. 그래서 매일 아침마다 사무실에 도착하면 하나님께 이곳이 너무 좋다고, 오래오래 일할 수 있게 해달라고, 내게 은혜를 베푸는 건물주의 사업에도 은혜를 달라고 매일 기도했다. 하지만 하나님은 무슨 이유 때문이었을까 이번에는 내 기도를 거절하셨다.

그날도 주차장에 별일 없는지 아래를 내려다보고 있는데, 아침 일찍 못 보던 수입차 한 대가 빌딩으로 들어서고 있었다. 우리 빌딩에 수입차는 많지 않기 때문에 자주 보는 것은 그 자태를 기억하고 있어 무슨 차인가 싶었다. 조금 후 관리실에 한 여자가 들어왔다.

"관리인이라는 사람이 아줌만가?"

"네, 실례지만 어떻게… "

"나 이 빌딩 주인인데, 아줌마 여기 사람 구했어요. 오늘 짐 정리해서 당장 나가주세요."

그 순간 당황해서 무슨 말을 해야 할지 몰랐다. 그렇게 그 부인은 나에게 그만두라는 통보만 하고 가 버렸다. 나는 그 부인과 계약을 하고 근무를 한 것이 아니기 때문에 사장님께 전화를 했다.

이튿날 사장님은 오셨고 이야기를 해 주었다.

"아주머니 사실 이 빌딩은 제 아내 거에요! 나 보고 알아서 관리할 사람 고용하라고 해서 아주머니를 채용했고 아주머니가 생각보다 일도 잘하시고 물품도 아껴주시고 해서 고맙게 생각했습니다. 그런데 제 아내가 아주머니를 보고 무조건 관두게 하라고 해서 크게 싸웠습니다. 죄송하지만 그만 두셔야 할 거 같아요….”

나는 그 말을 듣는 순간 어이가 없었다. 나는 두 말도 하지 않고 알겠다고 그만 두었다. 그 부인이 나의 영혼을 시궁창에 빠트린 이 기분을 어떻게 회복 할 수는 없었다. 그 당시 내 신앙의 힘으로는 회복 할 수가 없었다. 정말이지 교통사고를 당한 기분이었다. 언제 쯤이면 고난이 끝이 날까? 나의 광야의 훈련이 언제쯤 끝이 날까? 나는 광야에서 하나님을 원망한 이스라엘 백성과 모세 지도자의 고통이 이해가 된다. 당장 실업자가 되었으니 앞이 캄캄했다. 남편이 있어도 내가 벌어서 생활을 해야 했기 때문에 직장 구하는 것이 늘 숙제이다. 아이들 학원비에 점점 커가는 아이들에게 먹일 음식 값도 만만치가 않았다. 나의 모든 것을 다 아시는 주님은 감사하게도 취직 할 수 있는 용기를 주셨고 집에서 가까운 곳에 취직이 되었다.

4. 현실이 된 소원

돈을 사랑하는 것은 정말 아니었지만, 돈의 위력을 보면 볼수록 나는 집이 갖고 싶었고, 자식에게 절대로 가난은 물려주기 싫었다. 나만 이런 꼴을 당하는 것으로 족하고, 자식들은 이런 일을 당하게 하고 싶지 않았다.

돈에 대한 마음은 남편도 비슷해서, 그 사람의 유일한 취미는 돈을 은행에 저축하고 통장에 숫자가 커지는 것을 보는 것이었다. 허튼 곳에 돈을 낭비하지 않는 것은 물론 자신을 위해서도 절대로 돈을 쓰지 않았다. 당연히 남을 위해 돈을 쓰는 일은 없었으며, 그 남이라는 대상에는 가족도 포함되어서 자신이 번 돈을 가족과 나누는 것을 싫어했다.

남편이 공공요금을 내면 그 나머지 생활비와 자식들 교육비를 충당하는 것은 모두 내 몫이었다. 내게는 돈을 달라고 손을 벌리는 사람뿐이었고, 주고 돌아서면 다시 돈을 달라는 손이 내 눈 앞에 있었다. 족하게 여기고 말고 할 돈이 내게는 없었다. 아무리 몸이 부서지게 일을 해도 돈은 모래가 손가락 사이로 빠져나가듯 그렇게 술술 빠져나가고 남는 것이 없었고, 집값은 하루가 다르게 하늘 높이 치솟고 있었다. 서민이 집을 산다는 것은 신기루를 좇는 일이었다.

그 즈음 남편은 전기공사를 전문으로 하는 일을 시작해보고 싶다고 했다. 그 당시 아파트 관리실에서 격일제로 일하고 있는 중이라 하루를 일하면 그 다음 하루는 쉴 수가 있었는데, 그 쉬는 날 수리나 전기공사를 해서 돈을 벌겠다는 계획이었다.

남편은 기술이 참 좋았고, 그 기술 썩히기 보다는 더 나이 들기 전에 자기 장사를 시작하도록 도와주는 것도 좋을 것이라고 생각했다. 무엇보다 그렇게 하면 돈이 더 많이 모일 테고, 돈이 좀 더 모이면 남편도 돈을 좀 풀겠지 싶었다. 설사 돈을 절대 풀지 않는다고 해도, 내가 있는 동안 파는 물건은 결국 내 호주머니로 들어올 것이 아니던가.

우리는 여기저기 가게를 알아보다가 OO동 지하상가에 터를 잡고 장사를 시작했다. 장사에 대해서 알고 있거나 오래 준비한 것은 아니었지만, 그 주변에 아파트와 주택은 물론 상가가 많았고, 남편은 아파트 관리소에서 오랫동안 기사로 일했던 까닭에 사람들이 자주 필요로 하는 물품이 무엇인지 훤하게 알고 있었다.

가게는 작았지만 못, 망치, 드라이버, 펜치 형광등이나 콘센트 등의 전기새료, 건전지, 장갑, 청소용품 등 소소하게 필요한 물품부터 각종PVC, 방수액, 방음, 시멘트, 콘 파이프, 몰딩, 목재 등 설비에 필요한 모든 것을 다 구비해놓고 팔았다. 그리고 남편이 관리소 일을 하지 않고 쉬는 날에는, 쉽게는 방충망 설치부터 시작해서 보일러, 수도, 전기, 열쇠, 에어컨 설치 등 남편이 할 수 있는 모든 공사를 맡으면서 돈이 손에 모이기 시작했다. 나는 학교에 들어가는 나이부터 일을 해서 돈을 벌기 시작했지만, 단 한 번도 돈이 모이는 것은 본 일이 없었는데, 드디어 돈이 모이기 시작했다. 돈은 더 이상 내 손을 술술 빠져나가지 않고, 손을 펴면 그대로 남아있었다. 정말 살다보니 내게 이런 날도 있구나 싶어 너무 신기했다.

우리 가게 주변에는 대규모 아파트 단지가 있었고, 전기 공사를 할 수 있는 곳은 우리 하나 뿐이라 가게에는 매일 승압공사 예약이 쉴틈없이 밀려들었다. 전화벨은 쉴 사이 없이 울려대고, 칠판에 전기 승압공사 예약 기록이 많았다. 더구나 남편은 기술이 좋아서 일을 질질 끌거나 실수하는 일이 없었고, 따로 재료비가 들지도 않았으며, 오직 남편의 기술 하나면 꽤 많은 현금이 덩굴처럼 손에 들어왔다.

아파트 관리실에서 하루 종일 일하고 나면, 다음날은 쉬어야 몸이 회복되게 마련인데 남편은 돈 들어오는 재미에 먹지도 않았고, 잠도 자지 않았다. 여자들은 돈을 벌면 옷도 사고 싶고, 화장품도 사고 싶고, 좋은 곳에 가서 먹을 것도 사먹고 싶은데 남자들은 그렇지 않은가 보다 싶었다. 남편은 돈이 들어올수록 쓰고 싶어 하지 않았고, 일량이 많아 늘 수면이 부족했다.

"제발 좀 쉬어가면서 해요. 왜 명을 재촉하고 그래요. 어차피 그거다 당신 공사고, 설사 남이 좀 가져가면 어때. 당신 돈 많이 벌었잖아."

아무리 말을 해도 남편은 듣지 않았다. 아무리 피곤하고 힘들어도 돈만 보면 모든 괴로움을 잊었고, 돈이 생긴다면 잠을 자지 않아도, 먹지 않아도 모든 것이 보상이 되었다. 남편은 돈을 사랑했다. 어떤 장애물도 돈을 향한 그의 사랑을 막을 수가 없었고, 돈 있는 곳은 어디든 갔고, 아무리 아파도 참아낼 수 있었다.

나는 남편이 공사를 하는 곳을 따라다니며, 전기 줄 잡으라면 잡았고, 무거운 것 들고 오라면 들었고, 사다리를 잡으라면 잡고, 망치를 비롯한 공구를 집어주라면 그렇게 하는 등 모든 심부름을 다해서 나도 공사의 웬만한 것은 보면 알 수 있었다. 그래도 전기 공사는 별로 달갑지가 않았다. 예전에 전기 고문을 받아서인지 전기가 겁나고 무서웠다. 그래서 전기공사를 하러 따라갈 때마다 제발 일할 사람을 구했으면 싶고, 내게 이 고생을 시킨다 싶어 속으로 원망 아닌 원망을 했다. 어쨌든 남편의 호주머니를 향해 무서운 속도로 돈이 들어오고 있었고, 은행에서도 그는 꽤 대우받는 고객이 되어있었다.

덕분에 우리는 유일하게 함께 가졌던 소원, 내 집 마련의 꿈을 이룰 수 있었다.

예전에는 이사를 할라치면 싼 집을 찾느냐 발바닥이 부르트도록 부동산을 돌고 돌았고, 부동산에 들어갈 때마다 나라는 존재가 참 작아지곤 했다. 은행에 대출이라도 받으러 가려면, 보증을 부탁할 사람이 없어 골머리가 아팠고, 어떤 때는 은행 직원 앞에서 초라해지는 나 때문에 우울했다.

그런데 손에 돈이 있으니 모든 것이 달랐다. 사모님 소리를 들어가며 멋진 모델하우스를 마음껏 구경할 수 있었고, 은행에 대출을 부탁하거나 애원하지 않아도 은행 직원은 환한 미소로 나를 맞으며 돈이 얼마나 필요한지 물었다. 나는 예전이나 지금이나 똑같은 사람인데 돈 하나로 나를 대하는 사람들은 너무 달랐다.

남편과 결혼 25주년을 몇 해 남긴 어느 날 우리는 집을 갖게 되었다.

이 소원 하나를 이루는데 수십 년이 걸렸다. 도저히 이루어질 것 같지 않던 꿈이었는데, 그 꿈이 현실이 되어 있었다. 처음부터 크게 어렵지 않았던 사람은 그 감격을 모르겠지만, 지하 단칸방에서 시작해서 여기까지 다다른 우리의 길은 정말 험난했다.

드디어 그 집으로 이사하기 전날에는 한 잠도 이룰 수가 없었다. 혹시라도 잠을 잤다가는 꿈으로 깨어질까봐 날밤을 꼴딱 새우고 충

혈된 눈으로 이사를 했다. 이사하고 며칠 뒤, 정말 우리 집이라는 실감이 났을 때는 너무 감사했다.

하나님께 해드린 것도 없는데, 그 동안 이 집 장만하겠다고 하나님은 다소 뒷전이었는데, 나를 미워하지도 벌하지도 않고 소원을 이루어주신 것이 말로 표현할 수 없이 감사했다. 내가 이런 호사를 누려도 되는 것일까, 잠을 자고 일어날 때마다, 주방에서 일을 할 때마다, 엘리베이터를 타고 오르내릴 때마다, 빨래를 해서 햇볕 잘 드는 베란다에 널 때마다 감사했다. 이제는 내 집이 생겼고, 자식들도 장성했으니 내 할 일은 이만하면 되었다 싶고 하나님께 열심을 내고 싶었다.

그 반대로 남편은 돈이 우상이 되어 집을 샀으니 이제는 현금으로 3억을 모으는 것이 목표라고 했다. 집이 생겨서 좋았던 것은 잠시였다. 남편의 그 꿈을 듣는 순간 난 숨이 막혔다. 남편은 자신이 번 돈이니 마음대로 써도 된다고 생각 했던 거 같다.

이사도 왔고 해서 가구를 바꾸고 싶다고 하니 그러자고 했다. 저렇게 흔쾌히 알았다고 하니 난 웬일인가 싶었다. 그렇게 아무 말도 하지 않고 바꾸겠다고 했던 건 나와 아무런 상의 없이 본인 취향대로 가구를 바꿨기 때문이다.

일 때문에 써야 한다고는 하지만 그 비싼 봉고차를 바로 현금으로 사기도 하고 싸지 않았던 오토바이도 현금으로 사는 등 본인에게는 아낌없이 투자를 했다. 나는 화초를 좋아했고 시와 책 읽기를 좋아했다. 그래서 화초로 집을 꾸미고 싶었다. 마음에 드는 화초가 있어 사와서 마음을 달래고 있으면 그 모습을 보고 남편은 "그 정성을 화초에 드리지 말고 남편한테 잘해라!" 하기도 하고 책을 보고 있으면 "너는 그 돈으로 반찬을 사 먹지 쓸데없는 짓을 하냐!" 하며 잔소리를 했다. 집을 살 동안은 육체로 고생을 시켰고 집을 장만한 후에는 마음까지 괴롭혔다. 나를 좋아한다면서 왜 그렇게 나를 괴롭히는지 알 수가 없었다.

남편의 목표를 달성하기 위해 다시 고생을 해야한다는 생각을 하니 죽는 것이 낫겠다 싶었다. 나의 영혼과 육체는 완전히 무력해 져 갔다. 그 무력함은 결국엔 우울증이라는 진단을 받기도 했다. 지금 생각해도 그 시절은 내 인생에서 가장 힘든 시기였다. 그럼에도 그 누구와도 이런 이야기를 나눌 수는 없었다.

5. 윤숙이가 간직했던 비밀

엄마와는 원래 별다른 정이 없었지만, 반대하는 결혼을 하고 가난하게 살면서는 거의 왕래가 없었으며, 그나마도 엄마가 오빠를 따라 1980년대 중반 미국으로 이민을 가버리셨던 동안은 엄마와 연락이 없었다. 그 대신 나와 윤숙이 사이는 매우 각별했고, 콩 한쪽도 나누어 먹는 사이였다. 하지만 어릴 때부터 나는 윤숙이를 무척 예뻐했고 윤숙이도 나를 잘 따랐지만, 서로 성격이 달라서인지 늘 일정한 거리감이 느껴지곤 했다. 매우 여성스러운 윤숙이의 새침한 성격 탓일 거라고 생각하면서도 아주 가끔은 서운한 마음이 들었다.

그러던 어느 날이었다.

무슨 일이었는지 확실히 기억은 나지 않지만, 남편 때문에 속은 너무 상한데, 말할 곳은 없고, 윤숙이가 좋아하는 김치, 장아찌, 말린 나물이 눈에 보이기에 바라바리 싸가지고 윤숙이를 찾아갔다. 윤숙이 집에 들어서자마자 짐을 풀면서 큰 소리로 말을 하고 있는데, 윤숙이가 나를 빤히 쳐다보더니 무슨 말인가를 했다. 무슨 말을 했는지 확실히 듣지는 못했는데, 그냥 순간적으로 가슴이 콱 막히면서 무슨 말인지 알 것 같았다. 그런 생각은 단 한 번 해본 적도 없었는데, 마치 예전부터 짐작하고 있었다는 듯 나는 그 내용이 무슨 뜻인지 다 알아버렸고 흥분하기 시작했다. 어떻게 그런 일이 있었는지 지금도 이해할 수 없는 일이었다.

"뭐? 너 지금 뭐라는 거냐?"

"못 들었어? 우리는 친자매가 아니라고."

"야! 아무리 내가 잘난 것 없고 모질라도 할 말이 있고 못할 말이 있는 거야. 이게 예쁘다고 오냐오냐하니까 못하는 소리가 없네. 어떻게 그런 말을 니가 나한테 하냐."

"몰라 난 말해줬어."

마음이 섬뜩하면서 남편에게 당했던 전기고문 마냥 내 등줄기를 타고 서늘한 것이 흘렀다. 동시에 아버지의 유언 또한 기가 막힐 만큼 또렷하게 떠올랐다.

"너는 찾아가라."

순간 지구가 거꾸로 돌아가고 있는 것 같았다. 잠깐 사이에 내 머릿속에는 여러 장면이 주마등처럼 스쳐갔다. 아버지가 술을 드시고 들어오셔서 어머니를 닦달하던 수많은 밤, 손과 발을 씻겨주며 우리를 유심히 살피던 아버지, 윤숙이는 안아주기도 하고 쓰다듬어도 주면서 절대로 내게는 손을 대지 않던 아버지, 남의 집 물건에 절대 손대지 말라며 신신당부하던 모습. 그리고 마지막 가시기 전 며칠 전 나를 몹시도 매섭게 때리시고는 우시던 아버지 그리고 그 수수께끼 같은 말까지 모든 것이 순식간에 머리에서 스쳐가면서 퍼즐이 둥둥 떠다니고 있었다.

이윽고 윤숙이와 나 사이에 알 수 없던 그 거리감도 무엇인지 알겠다는 생각이 들면서 뒤통수가 띵했다. 확실한 그림은 아니었지만, 내 머릿속의 퍼즐은 상당부분 맞춰져 무슨 그림인지 보이고 있었고, 몸은 부들부들 떨리며, 입은 윤숙이를 향해 고함을 질러대고 있었다.

"야! 너 내가 언니 같지 않아도 그렇지 어떻게 나한테 그런 말을 할 수 있어?"

"내가 너한테 어떻게 했는데?"

우리는 서로 언성이 높아졌고 윤숙이도 그동안 나에 대한 이야기를 해 주고 싶었지만 말 할 수 없어 오랜 세월을 참은 터라 윤숙이 또한 나에게 모진 말을 퍼 부었다.

순간 나는 알 수 없는 분노가 올라왔고 이용재 아버지가 "너는 윤숙이를 책임지고 잘 돌보아 주어라"해서 나보다 윤숙이를 더 생각하며 살았는데…. 이 세상에서 가장 믿었던 이용재 아버지가 내 아버지가 아니라니…. 내가 윤숙이의 친언니가 아니라니…. 순간 나는 윤숙이와 영영 이별이구나 생각했다.

  하지만 문제는 윤숙이가 아니었다. 내가 만나야 할 사람은 따로 있었다. 퍼즐의 가장 중요한 조각을 쥐고 있는 엄마였다. 아니길 바랐지만 생각해보니 지인에게 들은 이야기가 있었다. 그나마 윤숙이는 내가 많이 사랑하던 동생이었지만, 엄마에게는 그런 마음도 없었다. 오직 분노로 부들부들 떨며 전화를 걸었다.

"엄마 나한테 할 말 없어?"

"뭐?"

"나 누구 딸이에요?"

"무슨 소리야, 어디서 그딴 말을 해, 버르장머리없이"

"김지훈(가명)씨 알죠"

  무슨 소리냐고 하며 모르는 척 했지만 엄마의 목소리는 떨리고 있었다.

"엄마, 내가 엄마한테 따지려는 게 아니고 나 그 사람 딸이죠?"

  엄마는 답이 없었다.

  한참의 정적 후 수화기를 타고 엄마의 말이 들렸다.

"… 그래… 미안하다… 나는 너에게 할 말이 없다."

  나는 전화기를 들고 털썩 주저앉았다. 그런 엄청난 일을 해놓고 어떻게 미안하다는 말이 그렇게 쉽게 나올 수 있는지 내 마음에는 또 다른 분노와 미움이 소용돌이처럼 휘몰아쳤다.

  엄마와 긴 말 하고 싶지 않았다. 그 사람은 한의사라고 했다.

  그 사람이 사는 지역을 묻고는 당장 한의사협회에 전화를 했다.

그 이름이 정말 한의사협회 회원 명단에 있었다. 엄마가 알려준 그 지역과 일치하는지 확인되자마자 열차에 몸을 실었다. 어떻게 하겠다는 계획 같은 것은 없었다. 그저 기가 막혀 죽을 것만 같았다.

우리 아버지와 내 인생을 보상해내라고, 아니 우리 가정이 망가진 것이 당신 때문인데 어떻게 할 것이냐고 강짜를 부리고 싶은 마음도 있었다. 이런 저런 생각으로 만나면 어떻게 할지 머리가 너무 복잡했다.

열차가 그 지역에 도착을 하자 택시를 타고 그 한의원을 찾아갔다. 지방이지만 도심 복판에 번듯한 4층 빌딩이 보이고, 1층에는 그의 이름을 내건 한의원이 단정하게 자리 잡고 있었다. 그 빌딩은 그의 소유라 했고 그는 4층에 살고 있었다. 망설임 없이 벨을 누르고 그 집에 들어갔다.

그는 병들어 누워있고 그 옆에는 너무나 착하고 인자하게 생긴 여자가 그의 부인이라며 시중을 들고 있었다. 머릿속에는 수많은 생각이 오갔는데, 그 부인의 인자한 모습을 보니 차마 강짜를 부리지는 못하겠다는 생각이 들었다.

"이용재씨 아시죠?… 저 이용재씨 딸이에요!"

생물학적 아버지는 나를 보더니 침대에서 이르켜 달라고 했다. 나는 그 순간 아무생각도 하지 않았다 아무 말 없이 원하시는 대로 생물학적 아버지를 안고 침대에 걸터 앉혀드렸다.

"이용재 아버지가 돌아가시면서 한 번 찾아가 보라고 해서 이렇게 왔습니다."

그리고 다시 한 번 더 물었다.

"이용재 아버지 아시죠?"

그랬더니 그는 이용재 아버지의 이름을 부르며 오열하셨다.

"용재야, 내가 죄인이다. 죄인이야."

나는 더 확실하게 확인해 봐야겠다고 생각했다.

"오춘희(가명)씨도 아시죠?"

물으니 아신다고 하시며 또 한참을 울었다.

엄마의 이름을 듣고 오열하는 모습에 나는 더 확실하게 알 수 있었다. 울고 나서 힘이 드셨는지 다시 침대에 눕혀달라고 하셨다.

나는 침대에 누워드리면서 손과 발을 확인했다. 다른 부분은 몰라도 손과 발은 속일수가 없다고 들었다. 그리고 나의 콤플렉스였던 눈썹을 그 분 얼굴에서 볼 수 있었다.

처음 만나러 왔을 때 분노했던 나의 모습은 사라지고 측은한 생각뿐이였다. 생물학적 아버지는 많이 힘들어 보이셨고 나는 그 자리를 잠시 피했다. 그리고 부인과 거실에서 이야기를 나누었다. 부인은 이용재 아버지와 생물학적 아버지가 아주 친한 친구였다고 했다.

이용재 아버지와 생물학적 아버지는 담장을 사이에 두고 살았고 장기도 두고 늘 함께 생활을 했다고 했다. 부인은 생물학적 아버지의 젊었을 적 이야기를 해 주셨다. 한의원을 운영할 때 돈을 자루에 담아서 셀 수가 없었다는 이야기도 하고, 다방 마담이 마음에 들면 그냥 집 한 채 사주곤 했다고 했다.

그리고 자신의 자녀들을 자랑하며 큰 딸은 그 지역에 유지로 살고 있고 다 착하고 부모한테 잘 한다고 했다.

나는 그 부인에게 앨범을 보여 달라고 했고 사진 속에 생물학적 아버지와 이용재 아버지의 젊은 시절을 볼 수 있었다. 두 분의 젊은 시절 외모는 닮은 듯 비슷한 외모를 하고 있었다. 그 부인은 나에게 엄마가 가끔 그곳에 왔다고 했다.

순간 나의 머릿속에 스치는 장면이 있었다. 내가 고등학교 때 엄마는 가끔 집에 없었다. 그 지역에 다녀온다고 하니깐 그냥 볼일이 있어서 다녀오나 보다 라고만 생각했다. 엄마는 그렇게 생물학적 아버지를 가끔 만났던 것이다.

나는 착한 부인을 보면서 엄마의 행동들이 이해 할 수가 없었다. 사실 DNA검사를 해서 밝히고도 싶었다. 순간 나의 머릿속은 복잡했다. 착한 부인과 자녀들 사진을 보니 나와도 닮아 있고 핏줄이 뭔지 그 가족들에게 나라는 존재를 알리고도 싶었다. 순간 생물학적 아버지의 유산 일부만 받아도 평생 돈 걱정 없이 살 수 있는 기회인데 라고 생각을 했다.

그러나 나는 그 부인과 가족에 평화를 깰 수는 없었다. 오늘 내가 왜 왔는지에 대한 진실은 말 할 수 없었다. 나는 이용재 아버지 딸로써 살아생전 아버지의 부탁을 받아 온 것으로 했다. 다시 생물학적 아버지 방으로 들어갔다.

생물학적 아버지는 멍하니 누워 계셨다.

그리고는 이용재 아버지에 대해 물었다. 나는 이용재 아버지가 술로 세상을 사셨고 병들어 돌아가셨다고 말씀드렸다. 그 소리를 듣고 생물학적 아버지는 큰 한숨을 쉬셨다. 한평생 돌덩이 같은 무게를 짊어지고 사신 듯 했다. 그리고 살아생전에 나에게 당신을 꼭 만나라고 해서 왔노라고 했다.

그랬더니 또 우시면서 한숨을 쉬었다. 나는 속으로 '내가 당신 딸입니다'라고 했다. 한동안 서로가 아무 말도 하지 않았다. 조금 진정이 되셨고 다시 생물학적 아버지와 이야기를 나누었다.

이야기를 나누면서 오래전 알았던 사람과 같이 대화가 나왔고 생물학적 아버지도 거리낌 없이 나에게 본인 이야기를 해 주었다. 사람들이 내 필적을 보면 달필이라는 말을 잘 해 주었는데 생물학적 아버지가 그랬다. 명필로 상을 탄 글씨를 병풍으로 만들어 놓았고 액자도 많이 해 놓으셨다. 그러면서 상 탄 거에 대해 자랑하기도 했다. 그 집을 둘러보면서 그리고 이야기를 나누어 보면서 내가 생물학적 아버지와 많은 부분 닮아 있는 것을 알 수 있었다.

유난히 화초를 좋아하는 나, 그 집에도 유난히 거실이고 마당에 화초가 많았다. 부인은 생물학적 아버지가 화초를 좋아해서 많다고 했다. 내가 간다고 하니깐 자고 가라고 했다. 나는 사양을 했고 그 부인에게 인사를 하고 문 밖에 나왔다. 그리고 그 뒤로 생물학적 아버지가 병든 몸을 이끌고 나와 나에게 차비를 손에 쥐어 주었다.

그것이 나와 생물학적 아버지와의 처음이자 마지막 만남이었다.

만나고 돌아오는 길에 생각했다.

아버지가 어떻게 아셨는지는 모르겠지만 맨 정신으로 할 수는 없고 엄마에게 매번 물어봤던 것이었는데 엄마는 끝까지 함구하고 답을 주지 않았던 것이다. 아니 어쩌면 아버지는 어머니에게 미안하다, 잘못했다, 용서해달라는 말을 듣고 싶었었는지도 모른다.

용서해달라는 말은 잘못이었음을 인정하고 아버지와 다시 시작하고 싶다는 말이니까, 아버지는 그 말을 기대했는지 모르겠다. 그래야 살 수가 있으니까. 돌아가실 때 엄마에게 잘하라던 유언으로 미루어 짐작하건데, 아버지는 엄마를 이미 용서하셨던 것인지도 모른다. 용서하셨지만 그래도 아버지 마음의 상처는 치유를 해야 하니까, 용서해달라고, 여전히 사랑하는 것은 아버지라는 말을 꼭 한 번은 듣고 싶었는지도 모르겠다.

하지만 엄마는 끝까지 그 말을 해주지 않았다. 아버지는 자신을 속이고 돈을 가지고 일본으로 도망쳐버린 그 친척도 용서하셨던 분이었다. 엄마라고 용서하지 못할 리가 없었다. 엄마는 그것을 모르셨을까, 아니면 모른 척 해버리셨을까? 엄마가 아무 말을 해주지 않았어도 아버지는 내가 자신의 딸이 아니라는 것을 확신하셨던 것 같다. 그래서 아버지는 내게 "절대로 남의 집 물건은 탐하지 말아라","남의 것은 1원도 탐하지 말아라"고 가르치셨던 것이다.

남의 집 아내와 남편을 탐하고 범한 사람들의 자식이 바로 나였다. 아버지는 절대로 나에게 그 뿌리를 따라가지 말라고는 차마 못하시고, 내게 그 뿌리의 DNA를 바꾸라고, 나를 태어나게 한 그대로 살면 안 된다고 가르치고 또 가르치신 것이었다.

아버지를 향한 원망이 없는 것은 아니었다. 아버지 유언만 아니었으면, 이런 엄마인줄 알았으면 나는 그렇게 뼈 빠지게 일을 해서 번 돈을 엄마에게 주지 않았을 것이고, 엄마에게 그렇게까지 효도하지도 않았을 것이다. 왜 아버지는 돌아가시면서 그런 말씀을 하셔서 나를 엄마에게 옭아매셨나, 내가 그렇게 사랑했던 아버지의 유언이 아니었다면 나도 그렇게 살지는 않았을 텐데, 바보같은 아버지가 그리웠다. 그 동안 원망했던 모든 것이 무슨 소용이냐는 생각이 들었다. 나를 이렇게 길러주신 이용재 아버지가 나에게 있는데….

6. 남편이 떠난 후의 화해

10년 전인 그 해 여름 엄청난 폭우가 쏟아졌다. 우리가 살던 상가는 잠깐 사이에 물 폭탄을 맞았고, 마을 전체가 물에 잠겼다. 도로에 물이 차올라 모든 차들은 수륙양용인 듯 물속을 달려야 했고, 물은 행인 몸을 타고 돌았으며, 도로의 나무들 역시 물에 둥둥 떠 있는 것처럼 보였다. 도로가 이 정도니 인근 지하상가는 더 말할 것이 없이 모두 침수되었다. 다들 허둥지둥하면서 비싼 물건은 꺼내놓는다고 꺼냈지만, 한계가 있었다. 비는 지하상가를 불시에 그것도 무례하게 밀려 들어와서 모든 공간을 점령하고 망가뜨렸다. 상가에서 팔던 상품만 망가진 것이 아니라 상가 전체의 기반시설을 모두 못쓰게 만들었다. 덕분에 지하상가에서 장사하던 모든 상인들은 일손을 놓고 쉴 수밖에 없었다.

하지만 남편은 그럴 수가 없었다. 아니 그러지 않았다. 비가 망가

뜨린 지하상가의 전기시설을 비롯한 각종 보수공사를 모두 껴안았다. 동네 전체에 물난리가 났고 우리 상가 뿐 아니라 근처 상가에도 피해가 갔다. 그러면서 공사를 원하는 전화가 끊이지 않았다. 힘들어 하면서도 전화가 오면 쉬지 않고 모든 일을 다 하려고 했다.

너무 무리한 작업 일정으로 피곤이 그를 잠식하고 있는 것이 보였고, 그는 공사에 익숙해질수록 모든 위험에 무디어지고 자신만만해 했다. 그가 익숙해지고 자신감을 갖는 만큼 가게에 공사 주문은 쇄도했다. 그래도 이쯤에서 잠깐 쉼표가 있어주어야 했고, 그런 상황이 찾아왔다. 하지만 그것도 선택이 필요했다.

남편은 통장에 돈이 모이면서 점점 더 욕심이 생겼고 그 만큼 나에게 고통을 주었다.

'저렇게 몸을 혹사시키다 혹시나 과로로 쓰러져 평생 병상에 누워 나를 괴롭히지는 않을까?'

집을 사기 전에는 돈을 모아야하니까… 하고 이해를 했지만 집이 생겼지만 남편은 더 했다. 나로서는 감당이 되지 않았다.

그동안 나의 신앙 문제로 남편에게 시달려 왔고 이제는 육체와 정신적으로 날 힘들게 했다. 나는 더 이상 남편을 도와주지도 못하고 계속 정신과 병원과 한의원에 치료를 다녔다.

이런 나를 보는 남편은 자신에게 도움이 되지 않는다며 사람 취급을 하지 않았다. 몸도 마음도 힘들었고 남편은 가게에 콕 박혀 자신을 도우길 원했으나 그럴 수 없었다. 가게에만 있으면 숨이 막혔다. 그러면서 나는 가게를 자주 비우는 경우가 있었고 남편은 심리적으로 불안했을 걸로 생각이 든다.

가게에 와 보니 웅성웅성 난리가 났다.

남편이 전기공사를 하다가 감전으로 쓰러져 모 병원으로 갔다고 했다. 나는 정신없이 병원으로 갔고 영안실 바닥에 남편이 누워있었다. 나는 그 자리에서 남편의 시체를 붙들고 통곡뿐 아무것도 할 수 없었다. 병원 직원들이 시체를 안치해야하니까 나가 있으라고 했다.

남편은 깊은 잠에 빠진 사람처럼 보였다. 금방이라도 깨우면 일어날 것 같았다.

나는 정말이지 남편 살아생전에 이런 안식을 누리며 살기를 원했다. 남편은 자신의 돈만 건들지 않으면 자비도 있는 사람이었다. 내가 어느 집에 냉장고, 세탁기를 설치해 줬으면 좋겠다고 하면 본인의 돈으로 하지는 않지만 어디서라도 구해서 나의 요구 사항을 들어주었다. 남편은 부처의 자비로 나는 예수의 사랑으로 몸으로 많은 사람을 도와주었다. 남편은 참 아까운 사람이었다. 손재주가 너무 좋고 머리도 비상했다. 물론 우리 둘 사이에는 종교라는 문제가 있었다. 남편이 밤낮으로 그렇게 몸을 혹사시키지만 않았다면 80세까지는 건강하게 살 사람 이였다. 얼마든지 삶을 누리며 살 수 있는데 돈의 노예가 되었고 그렇게 살면 반드시 비참해 지는 것을 알았던 나는 안타까운 마음이 컸다.

현실로 주검이 된 남편을 보니 나에게 잘못한 일들은 생각도 나지 않고 너무도 불쌍하기만 했다. 솔직한 고백이지만 이렇게 한 순간에 저 세상으로 갈 줄은 꿈에도 몰랐다. 남편 손에 내가 먼저 죽지않나 싶었다.

'당신은 당신대로 나는 나대로 돈 버니깐 우리 노후에 여행이나 다니면서 살자고 했잖아. 그러면 여자 말도 좀 들어 주어야지… 이게 뭐야… 언제가 생일날 내가 제일 좋아하는 장미꽃 사오라고 하니깐 한다발 사와서는 이게 얼만 줄 알아? 했지. 난 그동안 나 만나서 고생 많았어! 라는 그 한마디를 듣고 싶었는데 끝끝내 그런 말도 안 해 주고 가네… 돈이란 이 세상에서 필요한 것뿐이지 돈을 사랑해서는 안 되잖아.

예수 믿는 것만이 구원의 길이라고 했잖아.

나 예수 믿는 거 그냥 두지 왜 그랬어…. 진석이 아빠~

왜 나한테 예수님 버리고 절에 가자고 했냐고 이게 뭐냐고….

당신을 위해 그렇게 기도를 했는데… 마지막까지 고집을 꺾지 않더니만….'

나는 그 동안의 서러움을 남편의 죽음 앞에서 눈물로 다 쏟아 놓았다. 나에게는 예수님이 곧 나의 생명이었다. 나는 남편에게 누가복음 12장 16절에 있는 말씀을 들려준 적이 있다.

"한 부자가 그 밭에 소출이 풍성함에 심중에 생각하여 이르되 내가 곡식 쌓아 둘 곳이 없으니 어찌 할까 하고 또 이르되 내가 이렇게 하리라 내 곳간을 헐고 크게 짓고 내 모든 곡식과 물건을 거기 쌓아 두리라 또 내가 내 영혼에게 이르되 영혼아 여러 해 쓸 물건을 많이 쌓아 두었으니 평안히 쉬고 먹고 마시고 즐거워하자 하니라 하나님이 이르시되 어리석은 자여 오늘밤에 네 영혼을 도로 찾으리니 그러면 네 준비한 것이 누구의 것이 되겠느냐 하셨으니 자기를 위하여 재물을 쌓아두고 하나님께 대하여 부요하지 못한

자가 이와 같으리라…."

남편은 자신의 보물 상자를 만들어 그 상자에 집문서, 금 부치, 통장, 이자 장부 등을 본인만 아는 곳에 숨겨 놓았지만 끝내 그 상자를 찾지 못했다.

남편의 소원은 자신이 죽게 되면 임실 호국원에 안장되고 싶어 했었다. 임실 호국원은 한국전쟁인 6.25 전사자와 월남전 전사자 그리고 사망군인 등의 국가유공자들이 안장되어 있는 곳이다. 남편은 월남전이라는 역사의 현장에 자신이 있었던 것을 너무 자랑스러워 했었고, 호국원에 월남전 유공자들이 들어갈 수 있다는 이야기에 너무 기뻐했었다. 월남전 참전 유공자 신청을 한 것도 그곳에 가고 싶어서였다. 그는 그곳에서 월남전에 함께 파병되었을 동지들과 함께 있고 싶어 했고, 나는 그 소원을 기억했다. 아들과 함께 호국원에 안장 신청을 했더니 다행히 허가가 되어 남편은 그곳에 들어갈 수 있었다.

평생 돈만 사랑하다가 죽는 순간까지 평화로운 삶은 누리지 못했던 남편이 이곳에 묻힌 것이 감사하기도 하지만 허망하기도 했다. 살아서 맛보지 못한 평화를 죽어서 누린다는 것이, 그리고 그의 영혼이 정말 평화를 누리고 있는지 걱정되었다. 죽음을 놓고 보자면 인생의 모든 욕심이 헛되고 헛된 것이었다.

남편이 떠나가는 길을 나만큼이나 슬퍼했던 사람은 내 친구이자 남편의 동생인 글라라였다.

남편과 결혼하면 나는 친구와 더 *끈끈한* 우정을 유지할 수 있을 줄 알았지만 그것은 내 착각이었다. 나와 남편이 결혼하면서 글라라와 나는 친구가 아닌 시누이와 올케 사이가 되어버렸다. 글라라는 내 친구가 아닌 남편의 동생으로 남편 편만 들었고, 나와는 묘한 갈등과 긴장을 유지하며 지나게 되어 내 서운함은 이루 말할 수가 없었다.

더구나 나는 가난에서 헤어 나오지 못하면서 끝이 없을 것 같은 고생을 하며 사는 것에 반해 그녀는 경제적 능력이 좋은 남편을 만났기에 내 비교의식과 서운함이 더 컸는지도 모르겠다. 글라라는 남편과 함께 이민을 갔다가 한국으로 돌아와 커피전문점을 운영했고, 남편과 함께 가끔씩 그곳을 찾곤 했지만 우리는 친구가 아닌 올케와 시누이 사이일 뿐이었다.

세상에서 처음으로 내게 다정했던 사람, 사과 궤짝을 밥상 삼아서 밥 대신 감자만 삶아 함께 먹어도 행복했던 내 남편과 나는 그렇게 이별을 했다. 시간이 흐르면서 남편이 괴롭히고, 내가 그를 미워했던 기억은 옅어지고 우리가 처음 만났을 때의 설렘, 그가 끓여주었던 맛있는 매운탕의 맛 등의 그리움만이 남았다. 그리고 남은 또 하나, 남편이 아까워서 도저히 나와 자식들에게 주기 싫어하던 돈도 남편은 가지고 가지 못했다.

그가 원했든 원하지 않았든 남편은 모든 돈을 우리에게 남기고 떠났다. 그리고 잃었던 친구도 돌려주었다. 남편이 살아있을 때는 도저히 회복되지 못했던 우리의 우정이 그의 떠남으로 다시 회복되었고, 우리는 남편 산소도 함께 가고 여행도 다니면서 그 젊은 날 아무 생각 없이 내뱉었던 말 그대로 우리는 서로를 의지하는 친구로 살아가고 있다. 언젠가 우리가 학창시절 그렇게도 맛있게 먹었던 광화문 어딘가에 있는 그 냉면가게를 꼭 함께 찾아갈 것이다.

7. 한계

나와 자식들은 남편의 유산을 상속받았지만, 그렇다고 우리가 일을 하지 않아도 먹고 살 수 있는 부자가 된 것은 아니었다. 자식들에게는 자식들 인생의 짐이 있고, 나 역시 그러했다. 내가 감당해야 하는 경제적인 짐이 있었다.

그 즈음에는 엄마가 미국에서 돌아와 있었고 엄마 생활과 요양에 필요한 경비 감당은 내 몫이었다. 물론 엄마를 용서했다거나 애틋한 모녀간의 정이 있어서 하는 일은 아니었고, 아버지의 유언을 꼭 지켜드리고 싶은 것뿐이었다. 마찬가지로 태평양시대위원회에의 일을 감당하기 위해서도 내게는 돈이 필요했다. 태평양시대위원회에서 어떤 일을 공식적으로 담당한 것은 아니었지만, 분명 어떤 음성을 듣고 만난 분이 김동길 교수님이었고, 그 분을 돕는 일을 소홀히 하고 싶지는 않았다. 때문에 태평양시대위원회를 돕고자 나 스스로 감당할 일을 정했고, 그 목표를 달성하기 위해 노력했다.

식당을 개업했다.

나는 남편과 함께 장사를 해본 경험이 있었고, 식당도 아주 초짜는 아니었다. 내가 경영한 것은 아니었지만 예전에 식당에서 설거지나 서빙 등의 일을 하면서 식당의 생리를 경험했다고 스스로 생각했다. 더구나 지금까지 주부로 살아왔는데, 음식 장사가 대수일까 싶었다. 하지만 웬걸 막상 시작하니 대수정도가 아니라, 죽을 만큼의 고생이 필요한 일이라는 깃을 알았다.

　새벽부터 일어나서 장사에 필요한 재료를 구하러 다녀야 하고, 부랴부랴 식당에 뛰듯이 달려와서는 점심 장사를 준비하기 시작한다. 점심 장사 준비를 끝내기가 무섭게 사람들은 물 밀 듯이 들어오고, 이것저것 음식을 주문하기 시작하면 주방과 손님이 계신 공간은 난리도 그런 난리가 없다. 최대한 빨리 음식을 해서, 순서에 맞게 내어준다고 생각하지만 가끔 실수가 있는 날도 있다. 혹시 순서가 바뀌거나 음식 구성이 잘못되기라도 하는 날에는 손님으로부터 호된 비난을 듣게 마련이다. 주인으로서는 주방에 별 일 없는지, 홀에서 뜨거운 음식을 가지고 가면서 문제가 생기지는 않는지, 손님과 종업원의 마찰이 있는 날은 없는지 온 정신이 곤두선다.

　그렇게 점심장사를 끝내고 정리까지 끝내고 나면 보통 오후 4시가 훌쩍 넘는데, 그때서야 우리는 점심식사를 하고 다시금 저녁과 다음날 장사의 준비가 시작된다. 김치 담그는 일도 보통이 아니다. 배추김치를 담그고 돌아서면 석박지가 떨어지고, 석박지가 떨어지면, 물김치가 떨어진다. 일반 가정집 주부들은 수십 포기의 김장을 하고나면 앓아눕는다는데, 식당에서는 매일 그 정도 양의 배추와 무를 사서, 씻고 다듬어, 절이고 담근다. 그 외에 음식 장만에 필요한 고춧가루며 파, 마늘, 기름 등을 잘 준비해야 하고, 주인은 종업원들의 몸과 마음까지 챙겨야 한다.

정말 만만한 작업이 아니었다. 더구나 사람들은 손님이 많으면 돈을 많이 번다고 생각하지만, 막상 따지고 보면 그렇지도 않았다. 남편이 하는 일은 기술만 필요하지 별다른 부대비용이 들지 않았지만, 식당은 그렇지가 않았다. 음식재료비, 종업원들 인건비, 가게 세를 메꾸기에 매일 아무런 정신이 없었다. 사장은 나이지만, 식당 사장은 거들먹거릴 수 있는 사람이 아니었다. 손님 눈치를 봐야하고, 종업원 눈치도 잘 봐야했다. 혹시 이 사람과 저 사람 사이가 나쁘지는 않은지, 별일 없는지 신경 쓸 것들이 많았다. 고된 노동으로 몸은 부서질 것 같은데, 그렇다고 마음도 편하기만 한 것은 아니었다. 그런 때 음식이 맛있다거나, 우리 가게 인심이 후하다거나하는 칭찬을 들으면 크나큰 위안이 되게 마련이었다.

식당을 경영하며 체력이 소진되었고, 여러 힘든 상황이 내게 자꾸만 다가왔다. 나를 속이는 사람들이 한 둘이 아니었다. 돈이 없을 때는 없어서 힘들었고, 돈을 벌고 있으니 그것을 이용하려는 사람들이 많았다.

이런 일도 있었다.

딸을 혼자 키우는 여자 집사님을 만나게 됐다. 그 집사님의 믿음을 믿었다. 그래서 나는 아낌없이 그 집사님을 도왔다. 힘들어 보이면 우리 집에서 쉬어 가라고 방을 내주기도 했고, 고기 먹고 싶다고 하면 나름 솜씨를 내서 고기를 재어 가져다주기도 했다. 그리고 돈을 구해서 월세 보증금까지 마련해 주기도 했다.

　새벽예배를 빠지지 않고 다닌다고 했던 그 집사님은 알고 보니 매일 술과 함께 살았던 것이다. 너무도 온화한 인상과 믿음의 말 때문에 나처럼 당한 사람이 한 둘이 아니었다.

　나는 여자 집사님의 사건으로 많은 것을 깨달았다. 표면상은 어설프게 하나님 말씀을 실천한다고 했지만 윤숙이를 대신할 빈자리를 찾고 있었다. 믿음의 자매이면서 동생을 찾고 있었던 것이다. 나는 그 당시에 다시는 윤숙이를 본다는 생각은 안했다. 나의 출생의 비밀은 나의 영혼에 쓰나미였기 때문이다. 사실은 나같이 출생한 사람들, 첩의 자식들을 이해하지 못했다. 그만큼 이용재 아버지에 대하여 자부심이 컸다. 사람들은 그렇게 태어나면 안 되는 줄 알았다.

　엄마의 집안엔 모 지역에 중,고등학교 설립자도 있고 의사도 있고 목회자 집안이었기에 이 또한 나의 자부심이었다. 나의 영혼이 폐허된 상태에서 어디서부터 어떻게 해야 할지 나의 무의식 잠재 속에서는 창조주에 대한 불신과 모든 사람들이 나를 속였다는 생각 밖에 들지 않았다. 첫째는 이런 나를 이해하고 싶지 않았고 저 잘난 맛에 살아온 나 자신이 싫었고 하나님의 핑계로 마음 중심에는 나의 바벨탑을 세우고 예수그리스도가 나의 삶의 뿌리가 아니라 냉정하게 따지면 예수를 등에 업은 나의 성공이었다 싶었다.

　나는 방황을 하면서도 soul life 냐 boby life 냐 하는 생각을 했다. 결단의 시간을 갖기로 하고 나의 영혼의 회복에 관한 책을 서점에서 구입하여 꾸준히 읽기 시작했다. 성경도 다른 각도에서 읽기 시작했다. 그러는 가운데 하나님께서는 하루하루 조금씩 은혜를 주시기 시작했다.

뒤돌아보면 나라는 존재는 엄마뱃속에서부터 주홍글씨를 가슴에 새기고 태어난 생명체이다. 사실은 나의 외모로 인해 교만 했던 적도 있었다. 지금은 아무리 리모델링해도 평준화된 얼굴이지만….

나 자신이 겸손해서가 아니라 겸손하게 살 수 밖에 없다.

어느 코미디언은 '못생겨서 죄송합니다'라는 유행어도 만들었다.

나의 주홍글씨 때문에 방황도 많이 했다. 그러나 하나님께서 나를 고독한 섬에서 나의 영혼을 조각하신 것이다. 지금은 나의 삶에 있어 예수님 밖에 자랑할 것이 없음이 나는 너무 좋다. 나를 다시 한 번 용기를 내서 일어나게 하는 말씀이 생각난다.

"그가 찔림은 우리의 허물 때문이요 그가 상함은 우리의 죄악 때문이요 그가 징계를 받으므로 우리는 평화를 누리고 그가 채찍에 맞으므로 우리는 나음을 받았도다"(이사야서 53:5)

제6장

나를
회복시키시는
하나님

1. 태평양 시대의 꿈

7년간 세상과 내 삶에 많은 일이 일어났다.

자식들이 결혼을 했고, 보기도 아까운 내 손주들이 태어났다. 그리고 하나님을 향한 오해도 풀렸다. 반면 세상에서 들리는 소식은 매일 가슴이 아팠다. 깜짝 놀랄 이야기들이 하루가 멀다 하고 들려왔다. 어떻게 이런 일이 벌어질 수 있을까 싶었다.

어릴 때 귀신을 무서워하면 어른들이 말씀하셨다. 진짜 무서운 것은 귀신이 아니라 사람이라고. 정말 뉴스를 볼 때마다 사람의 악함이 어디까지 갈 수 있는지 매일 접하고 있었다. 세상만 이런 것이 아니었다. 세상과 다르다며 좁은 길을 간다던 교회도 다르지 않았다. 그 모습을 향해 손가락질 하고 싶지는 않았다. 나도 다른 모습이 아니라는 것은 알고 있었다.

나도 죄인이었다. 하나님 마음이 어떨까 생각할 때마다 마음이 너무 아팠다. 참 아름다운 세상을 만들어놓은 그분이신데, 이 망가져가는 사람들과 세상을 보면서 어떤 마음이실지 괴로웠다. 강아지들(손녀들의 애칭)을 보면 더욱 그랬다. 저 아무것도 모르는 어린것들을 보는 내 마음과 하나님의 마음이 크게 다르지 않을 것 같았다. 그렇게 마음 아픈 하루하루를 보내고 있었다.

"나의 아들 독생자를 오죽하면 어린양으로 삼았겠느냐, 그럼에도 불구하고 내가 너를 선택했다. 나는 너의 태중에서부터 너를 나의 것으로 삼았다. 이제는 너가 사는 것이 아니라 내가 산다. 처음부터 다시 시작해라."

7년 만에, 다시금 하나님의 마음이 느껴지고 음성을 들을 수가 있었다.

남편이 떠났을 때 보다 더한 통곡이 나왔다. 너무 마음이 아프신 하나님의 음성, 사람은 다 죄인이었다. 하나님도 자신의 하나밖에 없는 죄 없는 아들을 우리에게 내어주기 두렵지 않았을 리가 없다. 하지만 그것이 아니고는 하나님의 진노를 누그러뜨릴 방법이 없으니까, 아들을 내어주실 그 위험과 괴로움을 하나님께서는 직접 감낭하시기로 결정을 하셨던 것이었다. 그게 하나님의 사랑이었다.

사랑의 크기를 따진다면 우리가 하나님을 향한 사랑은, 하나님이 우리를 향한 그것에 비할 바가 아니었다. 다만 하나님의 사랑은 세상의 죄를 무조건 포용하는 그런 어리석은 사랑이 아니었다. 우리가 잘나서가 아니라 우리는 죄인이지만, 그분의 사랑으로 우리를 사랑하셨고, 그 사랑 때문에 그 뒤에 모든 일을 감당하기로 하셨다는 것이 깨달아졌다.

하나님은 내가 죄 중에 태어났다는 것도 알고 계셨지만 그럼에도 불구하고 나를 선택하셨다. 그리고 다시 시작하라고 하셨다. 7년 동안 아무 말 못하고 하나님 언저리에서 돌고만 있는 나를 계속 보고 계셨다. 다만 이유는 모르지만 내게 7년이라는 오랜 기간을 침묵하셨다. 덕분에 나는 하나님과의 교제가 얼마나 소중했던 것인지 절감할 수가 있었고, 그분의 뜻을 구하기 위해 끊임없이 공부했다.

다시 시작해야 하는 일이 무엇인지 생각해보았다.

내 나이 60세를 바라보고 있었고, 세상적으로 시작할 수 있는 일이란 없었다. 그 즈음 우리나라에 여자가 대통령이 되었다. 1983년 드보라 선지자를 읽다가 들었던 그 음성을 단 한 번도 잊은 날은 없었지만 그래도 반신반의했던 것은 사실이었다. 미국도 아닌 우리나라에 여자가 대통령이 설마 될 수 있을까 싶었는데, 정말 그러했다. 아니 뒤돌아보니 여자 대통령 이야기 외에도 그 날 들었던 그 음성이 틀리지 않았었다.

하나님께서는 나에게 분명히 말씀하셨다.

"여자가 대통령이 된다. 그리고 너희 나라는 이단이 큰 문제다!"

그 말씀을 가슴에 품고 살아야했다. 하나님께서 말씀하신 것처럼 우리나라에 여자 대통령이 나왔고, 이단으로 인하여 우리나라에 큰 사건이 생긴 것도 사실이다. 모든 것을 아시는 주님은 나에게 그 모든 것을 알려 주신 것이다.

나는 그 큰 사건으로 인하여 한동안 충격에서 헤어나질 못했다. 그리고 또한 나에게 주신 미션을 실천해야겠다는 결단을 하였다.

'하나님! 이 한 목숨 인당수에 빠져 죽는 한이 있어도 하나님께서 이루시려는 동방의 빛 코리아를 만드는데 동참 하겠습니다.'

이제는 하나님의 미션이 두려운 마음에서 나의 기쁨으로 변했다.

분명히 하나님께서 나에게 "너희 나라가 살길은 이것이다"하시면서 노아에게 방주를 짓는데 설계도를 주신 것처럼 구체적으로 알려 주셨다. 그러나 나에게 주신 미션을 자세히 공개 할 수 없음을 이해해 주길 바란다.

나는 콤플렉스가 많은 사람이다. 출생부터 시작하여 학벌이며 정말이지 아무것도 내세울 수 없는 존재이다. 그러나 이제는 하나님 앞에 모든 가식을 버리고. 내 모습 이대로 주님 앞에 서니 진리가 나를 자유케 하였다.

하나님께서는 "…나의 보는 것은 사람과 같지 아니하니 사람은 외모를 보거니와 나 여호와는 중심을 보느니라"(사무엘상 16:7)고 하신다.

그러므로 우리의 마음이 하나님께 향해 있는 것이 가장 중요하다.

하나님께서 태초에 천지를 만드실 때 처음 하신일은 빛의 창조였고, 보시기에 좋았더라고 하셨다.

"태초에 하나님이 천지를 창조 하시니라 땅이 혼돈하고 공허하며 흑암이

깊음 위에 있고 하나님의 영은 수면 위에 운행하시니라 하나님이 이르시되 빛이 있으라 하시니 빛이 있었고 빛이 하나님 보시기에 좋았더라"(창세기 1:1~4)

우리도 착함과 의로움과 진실로 빛의 열매를 맺어야한다.

21세기 태평양시대의 주역으로 대한민국이 설수 있는 것은 빛의 열매를 맺은 성도들이 있었기 때문이다.

나는 무궁화 꽃처럼 끈끈하고 강인한 대한민국이 동방의 빛으로 하나님 역사의 시간표에 들어가 있는 것을 보았다.

하나님께서 나에게 들려주셨던 말씀들이 30년이 지난 세월 속에 다 이루어져 가고 있음을 깨닫고 늘 나의 가슴에 부담으로 느껴져 왔던 말씀이 실제 상황임을 감지했다.

민주주의를 위해 희생 했음을 역사를 통해 알 수 있다. 젊은이들의 목숨과 김동길 교수님과 같은 많은 사람들의 희생들이 모여 오늘날 우리가 자유를 누리며 살 수 있음을 말이다.

나의 어린 시절은 누구할 거 없이 가난했다. 아니다. 나라 자체가 가난했다.

그래서 나와 같은 세대의 부모들은 자식만큼은 고생시키지 않겠다는 마음으로 참으로 귀하게 키웠다.

공부를 못하면 몸이 고생할 것을 생각하여 부모들은 뼈가 부셔지게 아이들 뒷바라지를 했다.

그러나 돌이켜보니 꼭 그렇게 키운 것이 잘 한 것 같지는 않다.

자식들이 고생을 모르니 부모들은 당연히 자식을 위해 희생해야 하는 존재로 여기고 있다.

우리들이 자식들에게 원하는 것은 가난에서 허덕이지 말고 홍익인간이 되라는 것이었다.

가난에 허덕이다 보면 정말 해야 할 일을 못하기 때문이다.

가난한 조국을 독재정치에서 민주정치로 선조들이 이루어 놓았으니 너희들은 좀 더 나은 조국을 건설하라는 것이었다.

자녀들을 물질로 키운 결과는 부작용 또한 많은 시대를 만들었다. 젊은이들은 조금의 고통도 참지 못한다.

우리세대의 부모들의 때 늦은 후회이지만 지금이라도 공부 잘해서 남 주어야 하고 건강한자는 병든 자를 일으키며 돈은 벌어서 사회에 환원하는 문화를 만드는 것도 우리가 해야 할 일이다.

"여호와를 아는 것이 지식의 근본"이라 했다.

교육은 디모데후서 3장 16절 말씀에 있다.

"모든 성경은 하나님의 감동으로 된 것으로 교훈과 책망과 바르게 함과 의로 교육하기에 유익하니 이는 하나님의 사람으로 온전하게 하며 모든 선한 일을 행할 능력을 갖추게 하려 함이니라"

나에게 남은 미션은 대한민국이 성서의 땅으로 실현 될 수 있도록 힘쓰고 애쓰는 것이다.

애국가에도 "하나님이 보우하사"라는 구절이 있지만, 우리나라가 하나님을 받아들이게 된 것은 다른 나라들과 달랐다. 다른 나라는 서구 열강의 상업적, 군사적 힘과 선교사에 의해 시작되었지만 우리나라는 달랐다. 선교사가 들어오기 전에 이미 성경이 만주와 일본에서 한글로 번역되었고, 그 번역된 성경을 읽으며 믿음을 가진 사람들이 있었다. 성경이 한글로 번역되어 국내에 유입되자 처음에는 불온서적에 대한 관심으로, 그 다음은 색다른 학문을 향한 진리 탐구로, 그리고 그 다음은 구원에 대한 믿음으로 스스로 받아들였다. 한문으로 번역된 성경을 읽고, 연구하며 스스로 진리를 발견해서 외국인 선교사를 찾아가 세례를 받는 이도 있었으며, 한글 성경이 유입된 이후로도 마찬가지였다. 선교사들을 만나기 전부터 성경을 읽고 세례를 지원하며 기다리던 이들이 있었는데, 선교사들이 정부의 통제로 자신들에게 오지 못하자 선교사들을 찾아 먼 길을 걸어 와서 세례를 받고 돌아갔다.

어떤 사람들은 기독교라고 하면 서양 것이라며 거절하는데, 우리는 선진 문물을 가진 서양 것을 무작정 수용한 사대주의가 아니라 진리이기 때문에 받아들였다. 우리는 용기 있고 순결한 민족이었다. 하나님이 복주머니라서가 아니라, 그분만이 진리이기 때문에 그분을 믿었다.

그 후 일본의 점령으로 또 다시 기독교를 향한 무시무시한 탄압이 시작되었다. 그들은 기독교가 잘 먹고 잘 살기 위한 종교라고 보지 않았다. 일본은 우리나라의 기독교는 민족의 독립정신과 결합한 종교라고 생각하여 무시무시한 탄압을 했다.

그래도 사람들은 진리의 말씀을 포기하지 않았다. 자신의 생명을 지켜달라고 하나님께 기도하는 대신, 나라를 걱정했고 그 안에 하나님의 뜻을 구했다. 일본의 공개처형, 무시무시한 고문 등이 이어졌지만 많은 사람들은 진리를 포기하지 않았다. 일본이 조작한 음모로 너무 고통스럽고 처참하게 죽어간 105인 사건도 있었다. 믿음생활이 꼭 이렇게 힘들어야 하는 것인가 하는 의문으로 잠시 하나님을 버린 사람도 있었지만, 아직도 많은 이들이 남아있었다. 그리고 1919년 신앙인들은 독립선언서 기초에도 참여하였다.

〈독립선언서〉

"우리는 이에 조선이 독립국가임과 조선인이 자주민임을 선언한다."

이 선언을 세계 온 나라에 알리어 인류 평등의 크고 바른 도리를 분명히 하며 이것을 후손들에게 깨우쳐 우리 민족이 자기의 힘으로 살아가는 정당한 권리를 길이 지녀 누리게 하려는 것이다. 그리고 반만 년이나 이어온 우리 역사의 권위에 의지하여 독립을 선언하는 것이며 이천만 민중의 정성된 마음을 모아서 이 선언을 널리 펴서 밝히는 바이며 민족의 한결 같은 자유 발전을 위하여 이것을 주장하는 것이며 누구나 자유와 평등을 누려야 한다는 인류석 양심이 드러남으로 말미암아 온 세계가 올바르게 바뀌는 커다란 기회에 발맞추어 나아가기 위하여 이를 내세워 보이는 것이니 이 독립 선언은 하늘의 밝은 명령이며 민족 자결주의에로 옮아가는 명령이며 민족 자결주의에로 옮아가는 시대의 큰 형세이며 온 인류가 함께 살아갈 권리를 실현하려는 정당한 움직임이므로 천하의 무엇이든지 우리의 독립선언을 가로막고 억누르지 못할 것이다.

외국인 선교사들의 헌신도 놀라운 것이다. 그들도 모국은 가슴에 품었겠지만, 신음하는 우리나라도 역시 자신들의 가슴과 삶에 품고 키워내었다. 의료, 교육, 문화선교를 통해 우리를 양육했다. 많은 선교사들이 선교의 과정에서 병을 얻거나 기타 이유로 젊은 나이에 세상을 떠나기는 했지만 선교는 멈추어지지 않았다.

개인적 신앙과 평안만을 구했다면 이곳에 와서 죽어갈 필요가 없었다. 말도 잘 통하고, 풍토병의 위험도 없는 그곳에서 하나님의 축복을 갈구하며 살아갈 수 있었지만 그렇게 하지 않았다. 우리나라는 이들의 헌신이 땅에 묻혀있는 귀한 나라이다. 정말 이들을 보내주신 것은 하나님의 은혜였다. 애국가의 "하나님이 보우하사"라는 구절이 절대 틀린 말이 아니었다.

태평양시대위원회를 보는 내 마음도 달라졌다. 그 음성 때문에, 교수님을 도와야 한다는 압박감에 시작은 했지만 이제는 마음이 달라졌다. 지금의 모습은 비록 부족하더라도 분명 언젠가 하나님이 쓰시는 나라가 될 거라고 믿어졌다. 다만 그 일이 세계에 어떤 패권을 누리는 일이라고 생각하지 않는다. 돈이 지배하는 이 세상에 진리의 한 줄기 빛을 던져줄 아름다운 이들이 이 나라에서 많이 자라고 나오기를 소망한다. 내가 예전 남편이 집을 가출했을 때에 들었던 그 성경말씀은 하나의 노래였다. 한나의 이야기는 자식이 없던 한나가 사무엘이라는 자식을 낳은 것이 초점이 아니었음을 나중에 알았다.

  그 당시 사람들은 자기 마음대로 살았고, 하나님이 쓰실 사람이 없었다.

  하나님의 마음을 알아주는 사람도 없었다. 그래서 하나님은 너무 마음이 아프셨다. 그 마음을 자식이 없어 울던 한나가 이해했는지도 모르겠다. 그래서 하나님이 아파하시는 일이 너무 가슴 아팠던 한나는 자신이 아들을 낳는다면 그 아들을 하나님께 드리고 싶었던 것이었다.

  나는 태평양시대위원회가 그런 사무엘이 되었으면 했다. 하나님의 마음을 사람들에게 전할 수 없어 마음이 너무 아프실 때에 하나님의 마음을 잘 알고 순종해주는 사무엘처럼, 점점 어려워 세상을 향한 아픈 하나님의 마음을 잘 알고 인도해주기를 매일 기도했다.

  그때 즈음 김동길 교수님에게 연락이 왔다.

  학식이 많은 교수님들이 채우고 있는 그곳에서 고졸에 아무것도 모르는 부족한 나에게 간사로 일해보라고 허락하셨다. 내가 무슨 위대한 일을 할 수 있다고는 생각하지 않는다. 다만 이제 내 개인의 삶에 전전긍긍하는 것이 아니라 나라를 생각하는 사람으로 다시 시작해보고 싶었다.

  나는 가끔 인도의 예언가이자 시인이라던 라빈드라낫 타고야가 우리나라를 생각하며 썼다는 동방의 등불이라는 그 시를 읊으며 우리나라에 다시 한 번 등불이 켜지길, 주부들이 그 등불을 밝힐 수 있기를 소망해 본다.

"일찍이 아시아의 황금시기에 빛나던 등불의 하나인 코리아

　그 등불 다시 한번 켜지는 날에 너는 동방의 밝은 빛이 되리라"

2. 사랑으로 맺어진 자매

　회복이라면 가장 먼저 떠오르는 사람은 당연히 윤숙이었다. 물론 엄마도 생각나기는 했다. 하지만 엄마는 이해가 가지 않았다. 처음에는 엄마가 오빠를 따라 미국으로 이민을 가버리셔서 알 수 없었고, 엄마가 연로하여 한국으로 돌아오신 후에는 치매가 있어 정신이 온전하지를 않으셨다. 엄마에 대한 수수께끼는 풀 수가 없는 채 지금까지 이르고 있다.

　엄마는 왜 그렇게 살았을까 싶다. 친정은 기독교 집안으로 그 당시 집이 부유하지는 않았지만 믿음을 지켜온 집안이었으며, 인품이 참 좋은 아버지를 만나 결혼을 했음에도 왜 삶에 만족하지 못하셨을까. 그 실수의 관계를 끝내지 못하고 왜 남편을 배반했을까? 어떻게 그럴 수가 있었을까? 나는 도저히 이해를 할 수 없었다. 하지만 다시 시작해야 하는데… 엄마와도 다시 시작해야 하는데 부끄럽지만 그럴 수가 없었다. 자꾸만 아버지가 생각났다. 엄마는 아버지에게 용서를 구했어야 한다고 생각했다. 하지만 엄마는 그러지 않았다. 아마도 아버지는 엄마의 부정을 용서했을 텐데, 엄마는 무능한 남편인 아버지를 용서하지 않았다는 생각이 들었다. 용서란 새로 시

작할 기회를 주는 거라는데, 엄마는 아버지와 새로이 시작하고 싶지 않으셨던 것 같다. 원수라도 사랑하라는데, 나는 원수가 아닌 엄마도 사랑하기가 어려웠다.

윤숙이는 더욱 괴로운 삶을 살아오지 않았던가. 어린 나이에 감당할 수 없는 사실에 괴로웠고, 엄마가 미웠을 것이며, 아버지가 한없이 불쌍했을 것이다. 아버지에게 위로가 되는 것은 자기뿐이라는 짐도 안고 살아왔고, 나에게 이 비밀을 말해주는 것이 옳은지 그른지 고민도 많았을 것이다. 그런 모든 짐을 안겨준 나를 미워하면서 살 수도 있었지만 윤숙이는 항상 내편이었고 나를 도와주었다.

윤숙이는 잘못이 없었다. 친구의 딸을 고이 키워준 나의 참 좋은 아버지가 사랑하던 자식이었다. 아버지를 향한 감사로, 약한 인간으로서 수만 번 고통하며 그 길을 지나왔을 한 사람에 대한 존경으로 윤숙이와 화해는 당연히 내 몫이었다. 내 아버지도 그것을 바랄 것이고, 하나님도 오랫동안 그것을 바라셨을 것이다. 나는 생물학적으로는 윤숙이와 뿌리가 다를지 모르지만 우리는 함께 자랐고 의지가 되는 하나 뿐인 자매였다. 똑같은 정신을 심어준 한 아버지 아래서 자랐다. 하나님 아버지에게서도 우리는 생물학적 민족과 국가는 다르고 언어가 달라도 한분 하나님의 자녀로서 하나의 영혼으로 교통하고 사랑하며 지낼 수 있지 않던가.

결심은 했지만 도저히 윤숙이를 찾아갈 수가 없었다.

근 한 달 이상을 고민하고 윤숙이에게 찾아갔다.

"누구세요?"

"…."

대답을 하지 않으려던 것은 아닌데 말문이 막혀서 나오질 않았다. 조금 후 문이 열리고, 나와 윤숙이가 마주 서있었다. 잠깐 놀란 표정인 윤숙이를 보며 어떻게 해야 하나 싶었는데, 윤숙이는 나를 끌어안고 한참을 아무 말 없이 울기만 했다. 그간의 마음고생이 전해졌다.

"언니 미안해. 마음 고생 많았지. 정말 미안해."

"아냐 아냐, 내가 미안하지. 그날 내가 제정신이 아니어서 미안하다. 정말 미안하다."

아마 이런 말이 잠깐 오갔던 것 같다. 윤숙이는 그간 어릴 때부터의 괴로웠던 마음이 한꺼번에 터져 나오는 것 같아 마음이 너무너무 아팠다. 저 어린 것이 그동안 얼마나 힘들었을까 싶었다. 윤숙이가 지나온 삶도 쉬운 것은 아니었는데, 엄마도 언니도 없이 어떻게 버티고 있었을까? 나는 그동안 어쩌면 그렇게 모질었던 것일까….

한참 후 서로의 팔을 풀고 그간의 이야기를 나누었다.

그 날 윤숙이네 집을 나가서 엄마와 어떤 이야기를 나누었는지, 그리고 그 남자를 어떻게 찾았고, 만나서 어떤 일이 있었는지 그리고 남편이 감전으로 세상을 떠난 이야기, 자식들이 결혼해서 손주가 생긴 이야기 등을 모두 이야기했다. 윤숙이도 자신이 어떻게 그 이야기를 알게 되었는지 얼마나 힘들었는지 이야기를 해주었다.

윤숙이 말에 따르면 초등학교 4학년 때 이 비밀을 알게 되었고, 아버지가 너무 답답하지만 어디에도 말할 곳이 없을 때마다 술 한 잔 하시면서 윤숙이에게 내가 친언니가 아니라는 암시를 하셨다고 했다.

"윤숙아! 니는 이 세상에 니 혼자다!

니는 엄마도 없고 혼자니까 꿋꿋하게 살아야 한데… 알았제!"

그 외에도 많은 말씀을 하셨겠지만 윤숙이는 이 외에는 말해주지 않았다. 아마도 그 어린 나이에 이해하기도 어렵고, 감당하기에는 더욱 버거운 사실이었으리라.

내가 아버지가 윤숙이만 예뻐한다며 부러워할 때 윤숙이는 말할 수 없는 비밀로 괴로워 했던 것이다. 이렇게 된 것이 내 잘못은 아니었지만, 나를 볼 때마다 괴로웠고, 나를 향해 온전히 좋은 마음을 가질 수가 없어 항상 거리를 두고 살아왔던 것이다. 그런데 이 눈치 없는 언니는 매일 지극정성으로 자기를 챙기니까 고맙기보다 부담스럽고 불쌍한 마음도 들면서, 뿌리를 찾도록 말해주어야 하는 것이 아닐까 수도 없이 생각을 하고 또 했다고 했다. 뿌리를 모른 채 살아가는 모습이 참 짠했다고 했다.

당연히 우리 둘은 아버지 이야기도 했다.

윤숙이는 그날 내가 그렇게 집에서 나가는 모습을 보고 걱정이 많았다고 했다.

하지만 아무리 괴로워도 사실을 아는 것이 나을 것 같았고, 혹시라도 아버지의 친구인 그 남자가 세상을 떠나기 전에 만나게 해주는 것이 자신의 도리일 것 같았다고 했다. 하지만 하루도 마음이 편하지는 않았다고 했고, 내가 다시 올 거라 믿고 계속 기다렸다고 했다. 윤숙이가 찾아올 수도 있었지만 내 마음이 어떤지 몰라서 괜한 괴로움만 줄까봐서 올 수가 없었다고 했고, 나를 조금도 미워하지 않는다고도 했다.

윤숙이는 그 존재만으로도 내게 위로가 되는 아이였다. 그리고 진짜 내 동생이다. 생물학적인 아버지가 다를 수는 있지만 우리는 한 아버지 아래서 먹고 자랐으며, 동일한 가르침을 받고 자랐다. 사람은 어떻게 태어났는지도 물론 중요하지만 더 중요한 것은 어떤 생각을 가슴에 품고 사는지가 훨씬 중요했다. 우리 아버지는 우리를 사랑으로 키우셨고, 정직하고 성실한 가르침을 품게 해주신 분이셨다. 우리 아버지는 한 분이셨다.

온전한 자매로 둘이 함께 여행을 해보고 싶었다. 그동안은 자식 키우느냐 바쁘고, 여행 같은 일은 먹고 살기 편한 남의 일이라 생각하며 그런 호사는 둘 다 꿈도 못 꾸고 살아왔다. 하지만 잃었던 내 동생을 다시 찾았으니 그런 호사를 누려도 괜찮을 것 같았다.

"어떤 여자가 열 드라크마가 있는데 하나를 잃으면 등불을 켜고 집을 쓸며 찾아내기까지 부지런히 찾지 아니하겠느냐, 또 찾아낸즉 벗과 이웃을 불러 모으고 말하되 나와 함께 즐기자 잃은 드라크마를 찾아내었노라 하리라"
(누가복음 15:8-9)

소중한 것을 잃었다가 다시 찾아본 사람만이 그 기쁨을 안다.

성경 속에 여인이 찾은 것은 한 드라크마였어도, 잔치를 베풀며 훨씬 더 많은 돈이 들었을 것이다. 나에게도 원래 있던 동생이었지만, 내 분노로 잠시 잃었다가 다시금 동생을 찾았을 때의 기쁨은 이루 말할 수가 없었다. 윤숙이와 둘이 여행을 가려고 알아보기 시작했다. 어디로 갈까, 어디를 가면 좋아할까? 생각하다가 그 옛날 한때는 로마를 비롯한 유럽이 세계 패권을 누렸다는 이야기를 들었기에 바로 그곳, 유럽을 가보고 싶어졌다.

여행을 가기 전에도 우리는 하루에도 몇 번씩 수시로 통화를 했다. 하나님은 어떻게 나에게 이런 좋은 동생을 예비해주셨던 것일까? 죄 중에 태어난 나에게 너무 놀라운 예비하심이고 축복이었다. 감사 외에는 내가 할 수 있는 말이 없었다.

그 말로만 듣던 유럽은 정말 아름답고 매력이 있었다.

다만 교회는 너무나 썰렁함이 느껴졌다. 아름답지만 성령님의 뜨거운 역사를 느끼기 어려운 곳, 건물더미와 유적에 열광하는 사람들로 가득 찬 이곳을 보면서 고장난 시계 속에 시간처럼 하나님의 역사가 정지된 삶을 살고 있다는 생각이 들었다. 물론 눈에 들어오는 유럽은 너무 잘 꾸며지고 낭만적인 지상낙원이었다. 그곳 사람들은 저 푸른 초원위에 그림 같은 집을 짓고 살고 있었다. 스위스 융프라우를 보면서 어릴 때 그렇게 불렀던 찬송가, 「참 아름다워라 주님의 세계는」은 이곳을 보면서 쓴 것이 아닐까 싶은 정도였다. 이런 아름다운 모국을 버리고 우리나라로 왔던 그 선교사님들에게 다시금 감사의 마음이 떠오르기도 했다.

유럽여행을 하면서 부러웠던 것은 아이들이 생생한 문화유산을 가까이에서 접할 수 있는 환경이었다.

박물관이나 미술관을 비롯한 역사의 현장이 잘 보존되어있는 그

곳에서 학생들은 풍성한 문화유산을 접할 수 있었고, 살아있는 공부를 하고 있었으며, 자신의 정체성을 깨달을 수 있는 역사공부를 하며 자신의 정신적 뿌리를 찾아가는 모습이 너무 인상적이었다.

우리나라 학생들은 누리지 못하고 있는 호사였고, 안타깝지만 역사 공부도 그저 자격증을 위한 것일 뿐, 우리의 정체성을 찾기는 너무 가벼웠으며, 살아있는 역사의 현장을 제대로 지키지도 공부하지도 못하고 있음이 안타까웠다. 이미 그들이 패권을 누리던 시대는 지났다고 하지만 여전히 아름다웠으며 역사가 잘 보존되어 살아 숨쉬고 있는 곳이 유럽이었다. 아무리 아름다운 유럽이라도 하더라도 나 혼자서 이곳을 올 리 없고, 설사 왔더라도 윤숙이와 함께가 아니었다면 이렇게 즐겁지는 못했을 여행이었다. 다시 찾은 내 동생이 정말 너무 감사했다.

윤숙이와 관계가 회복되어 감사하고 행복한 시간을 보내면서도 엄마와의 관계는 회복되지 못한 상태로 수년을 지나왔다. 윤숙이도 나도 엄마를 이해는 했지만, 용서를 했는지, 엄마를 사랑하는 마음이 있는지 확신할 수가 없었다.

나는 내 출생에 대해서 안 뒤에도 아버지가 내게 남기신 유언은 충실하고 싶었고, 엄마를 부양하는 의무는 성실하게 감당하고 있었다. 하지만 그것으로 충분하지 않다는 것을 마음 깊이 알고 있었다. 예수님은 원수까지도 사랑하라고 하셨는데, 나를 낳아주고 길러준 엄마도 사랑하지 못하는 내가 과연 그분의 말씀에 따라 살고 있는 것이 맞는가 싶은 생각에 잠을 이룰 수 없는 나날이 지속되었다.

그래서 성령님께 도움을 구하며 기도했다. 용서는 상대방이 온전하거나 용서를 받을만해서 하는 것이 아니라, 내가 대가나 값없이 베푸는 은혜였다. 예수님이 나를 아무 대가없이 용서하시고 사랑하셨듯 나도 그래야만 한다는 것을 알고 있었지만, 실천에 옮기는 것은 쉽지 않기 때문이었다.

"성령님, 저는 약하고 악한 자입니다. 엄마를 용서하고 사랑할 힘을 저에게 주십시오."

2015년 5월 8일 딸과 나는 어버이날 약간의 용돈과 카네이션 바구니를 들고, 요양원에 계시는 엄마를 찾아뵈었다. 앞에서도 말을 했지만 엄마는 정신이 총총하신 상태가 아니셔서 가끔은 내가 당신의 딸인 것을 알아보셨지만 또 가끔은 그렇지 못하셨다. 그런데 그날은 "여사님, 제가 누구인지 아시겠어요?" 물었더니 내 얼굴을 한참 뚫어져라 보시더니 얼굴 가득 웃음을 짓고

"화숙이네"라고 하셨다.

엄마가 나를 알아본다는 게 너무 반가웠다.

"엄마! 화숙이 맞아요! 알아보시네요!"

옆에 있는 딸이 물었다.

"할머니! 전 아시겠어요?"

"몰라"

"엄마! 부현이에요!"

"응 니가 부현이가?" 하시며 멋쩍게 웃으셨다.

오랜만에 본 엄마의 얼굴은 더 좋아지셨고 혼자 힘으로는 걷지도

못하셨는데 워커에 의지하여 걷는 모습을 보니 웃음이 나왔다.

안부를 묻고는 엄마에게 물었다.

"윤숙이는 누구에요? 알겠어요?"

"딸이지!"

"근데 걔는 어디에 있어?"

"윤숙이는 제주도에서 살아요"

"제주도? 제주도에 살아?"

"민규가 제주도로 발령이 나서 윤숙이와 같이 갔어요!"

"윤숙이 보고 싶으세요?"

"그래 보고 싶네…."

"엄마! 윤숙이랑 전화 통화 하실래요?"

나는 전화를 걸어 윤숙이와 통화를 하게 해 드렸다. 엄마는 윤숙이와 통화를 하시고는 잠시 맑은 정신이 되면서 눈에는 눈물이 글썽이셨다. 나는 그 순간 날 보는 엄마의 눈빛에서 이용재 아버지와 나에 대한 미안한감을 느낄 수 있었다. 그 모습에서 처음으로 엄마에게서 엄마라는 포근한 품을 느낄 수 있었다.

하나님께서는 엄마에게 90년이라는 세월을 기다려 주신 것은 아닐까? 참 좋으신 하나님을 뵐 수 있었다. 한참을 이야기 하고 점심 시간이라 식당으로 내려가셔야 했다.

"엄마! 건강해 보이셔서 너무 좋아요!"

"빨리 복지타운 지어서 엄마 모시고 오고 싶어요! 오래오래 사세요!"하니 웃으시면서 좋다고 하셨다. 나는 딸과 돌아오는 길에 하나님께 빨리 복지타운 짓게 해 달라고 기도해야겠다고 하니깐 딸이 너무 좋아했다. 마음 같아선 당장 모셔 오고 싶었다.

3. 깨어나고 싶은 꿈

유럽 여행을 하고 돌아와서 나는 청와대에 편지를 보냈다.

편지 내용은 해운사업 제안이었다. 대학입시에 역사라는 과목이 큰 영향을 미치지 못한다는 이유로 소외되고 있는 현상이나, 일본과의 역사적 분쟁이 끝이 없는 모습에 안타까웠고, 잘못된 우리의 정책 때문에 자신의 역사적 정체성에 대해 무관심한 젊은 세대를 보는 것도 속이 상했다. 아무리 학교에서 가르쳐도, 밑줄 긋고 시험에 나오는 것이 아니면 어떤 중요한 학문도 외면을 받는 것이 현실이었다.

나는 학생들에게 역사란 과거의 구태의연한 이야기가 아니라 아직도 살아서 움직이고 있는 생명체라는 것을 보여주고 싶었다. 독도와 제주를 해상으로 운행하며, 우리나라의 모습과 역사를 배울 수 있는 수학여행사업을 제안했다. 그 제안에 관계자는 청와대와 교육부 그리고 관공서에서 해당 사업을 추진은 해보았지만 말하기 어려운 애로 사힝이 있으며, 기타 허가 문제로 추진하기 어려운 사업이라고 말해주었다. 그리고 지나가는 듯한 말로 이미 그 일에는 독점적 사업주체가 있어서 추진하기 어렵다는 뉘앙스의 답변도 함께 해주었다. 이미 그런 일을 추진하는 사람이 있구나 싶어 다행스러움과 서운함이 한꺼번에 몰려들어 터덜터덜 집으로 돌아왔었다.

그렇게 돌아온 며칠 후부터 새벽예배에서 나라를 위한 기도를 할라치면 내 입술에서 자꾸만 찬양이 흘러나왔다.

"하나님의 진리등대 길이 길이 빛나리~"

그 뿐이 아니었다. 많은 영혼들이 물속에서 헤매는 환상도 자꾸만 보였다. 두렵기는 했지만 무슨 뜻인지 몰라 그저 잊고 싶다는 생각과 함께 내가 복음의 소식을 전하지 못하고 사람들이 생명을 잃으면 어떻게 하나 싶어 슬프고 고민이 되기 시작했다.

그러던 며칠 후 4월 16일 '세월호' 사건을 TV로 접했다. 제발 그 배에 탔던 이들을 살려달라고 부르짖던 기도는 어느 새 이제는 시체라도 모두 건져낼 수 있게 해달라는 기도로 바뀌었다. 잠수부들은 사투 끝에 사람을 꺼냈지만, 살아있는 이들이 아니었다. 모두 오랜 시간이 지나 숨을 거두어버린 뒤였다. 아무리 생각해도 이해할 수 없는 일이었고 가슴이 미어졌다. 자다가도 벌떡 일어났다.

사람의 욕심이 빚어낸 참사였다. 생명에 대한 염려나 양심보다 물질을 더 중요시했던 세상의 어리석음이 천하보다 귀한 생명을 잃는 엄청난 댓가로 돌아왔다. 하지만 더 가슴 아픈 것은 이런 어리석음이 세상의 문제만이 아니라는 것이었다.

남편이 세상을 떠난 뒤 마음이 다소 울적했던 어느 날이었다.

내가 살던 아파트로 커피와 과자를 들고 전도를 나온 사람들이 있었다. 당시 나는 한 교회에 소속되어 있지 않을 때였고, 남편이 없으니 교회를 제대로 다녀보자고 할 때 즈음이었다. 커피를 얻어 마시며 수다를 떨다가 목사님의 말씀이 너무 은혜롭다며 자랑하기에 그 주일부터 당장 따라나섰다. 목사님의 말씀은 정말 너무 재미있었다. 어쩌면 저 구절에서 저런 말씀이 나올 수 있을까 싶었고, 유머가 있었으며, 감동적이었다. 넋을 놓고 듣다보면 시간이 훌쩍 지나갔고 지루할 틈이 없었다. 성도들이 목사님 자랑에 침이 마를 만 했다. 더구나 무슨 은사를 많이 받으신 능력의 종이라는 이야기도 들었다. 다시금 교회에 충성해야겠다는 마음에 봉사를 시작했는데, 처음 시작한 곳이 식당봉사였다. 식당에 가서 봉사를 하려고 가보니 주방이 깜짝 놀랄 만큼 허름했다. 주방기구는 죄다 쓸 수 없을 만큼 망가져 있었고, 오직 은혜로 하루하루 봉사를 감당하고 있었다. 당시 나는 남편은 없는 대신 돈은 있었기 때문에 망설임 없이 당장에 사람을 불러서 주방 개조를 시작했다. 하나님의 전을 건축하는 마음으로 한다고 했지만 사실 어리석은 것이었다.

교회에서 나는 돈이 많고 신실한 사람으로 소문이 나기 시작했다. 목사님은 나를 가까이 해주셨지만 나를 볼 때 마다 돈 이야기를 꺼내셨다. 사실 모든 설교 말미가 돈으로 끝나는 것에 묘한 반발을 느끼던 차였다. 남편이 돈을 그렇게 좋아하다가 불시에 세상을 떠난 뒤로 나는 돈 이야기를 하는 사람에게 다소 민감한 반응을 보였다. 그런 마음 때문이었을까? 자꾸만 교회에 관한 좋지 않은 이야기들도 귀에 들려왔다. 그 중에는 사역자들에 대한 이야기도 있었다. 설마 하던 나는 소문의 대상인 한 전도사님에게 여쭈었다.

"전도사님 실례지만 혹시 신학교 어디 나오셨어요?"

전도사님은 답을 하지 못하시고 한참 계시다가 나지막하게 말씀하셨다.

"신학교는 안나왔고 사명이 있다고 목사님께 안수만 받고 전도사가 되었어요."

대가가 있다고는 못하겠지만, 안수를 받으면서 꽤 거금의 헌금도 하셨다고 하셨다.

옳은 이야기가 아닌 것 같았다. 아무리 은사가 많은 목사님이라고 해도, 하나님도 아닌데 상대방이 사명이 있는지 없는지 어떻게 알 수 있으며, 설사 알 수 있다고 한들 교회에서 정한 법의 테두리를 벗어나 안수를 하는 일은 옳지 않다고 생각했다. 하지만 목사님은 그 일에 거리낌이 없었고, 나는 그 교회를 떠났다.

매일 하나님께 순종을 가르치는 분이, 왜 자신은 교회에서 정한 것을 순종하지 않는지 이해가 되지 않았다. 하나님께 바치면 더 큰 복으로 돌려줄 것이라고 믿음의 결단하라고 하셨던 분이 왜 안수를 대가로 거금의 헌금을 받으셨는지도 이해가 되지 않았으며, 드리면 채워주실 하나님을 믿으시는 분이 왜 그렇게 교회나 성도에게는 한 푼이라도 더 받으려고 하는지 도저히 이해할 수가 없었다. 그래도 그 목사님은 여전히 인기가 많았다. 인간적으로 매력적이었고 달변이었다.

사람의 중심은 보지 못하고, 그 사람이 일구어놓은 성공이나 부와 명예만을 보면서 하나님의 축복이라고 박수를 보내고 부러워하는 모습이 가슴 아프고, 일부이지만 하나님의 종이라는 목사님들께서 세상과 다르게 살라고 돈과 명예를 따르지 말라고 하시면서도 많은 재물을 가진 것, 높은 자리에 올라가는 것, 성공하는 것을 하나님의 축복이라고 설교하는 것이 가슴 아프다. 세상과 다르다고 하면서도 동일한 기준을 들이미는 것이, 세상에서 높임을 받는 사람들이 교회에서도 높임을 받는 것이 가슴 아프다. 교회가 이런 모습이라면 이단과 다를 것이 무엇이며, 그들은 이단이 아니라고 누가 장담할 수 있겠나 싶어서 너무 괴롭다.

이런 일에서 어떻게 목사님들만 나무라겠나. 나도 그 목사님이 말씀이 좋다는 이야기를 듣고 찾아간 터였다. 결국 목사님의 달변이라 내 귀를 즐겁게 한다는 것이, 은사가 많다는 것이 내 마음을 끌었다.

그런 목사님을 만들어 내는 것은 나와 같은 교인이었다. 내 어리석은 행동이 자꾸만 가라지가 되고, 또 다른 가라지를 키워내고 있다. 이 나라를 위해 목숨을 바쳤던 순국열사들이나 순교자들이 이 모습을 보면서 한탄하지 않을까 싶다.

"내가 이런 날을 위해 내 귀한 생명을 바쳤단 말이냐!"라고.

우리는 반성하고 병들고 무감각한 문화에서 빠져나와야 한다. 세련된 재미나 문화를 즐기려고, 달변가의 이야기를 듣고 웃고 울려고 교회에 가서는 안된다. 우리는 조심해야 한다고 생각했다.

"거짓 선지자들을 삼가라 양의 옷을 입고 너희에게 나아오나 속에는 노략질하는 이리라. 그의 열매로 그들을 알찌니 가시나무에서 포도를 또는 엉겅퀴에서 무화과를 따겠느냐 이와 같이 좋은 나무마다 아름다운 열매를 맺고 못된 나무가 나쁜 열매를 맺나니 좋은 나무가 나쁜 열매를 맺을 수 없고 못된 나무가 아름다운 열매를 맺을 수 없느니라 아름다운 열매를 맺지 아니하는 나무마다 찍혀 불에 던지우느니라 이러므로 그의 열매로 그들을 알리라 나더러 주여 주여 하는 자마다 천국에 다 들어갈 것이 아니요 다만 하늘에 계신 내 아버지의 뜻대로 행하는 자라야 들어가리라 그 날에 많은 사람이 나더러 이르되 주여 주여 우리가 주의 이름으로 선지자 노릇하며 주의 이름으로 귀신을 쫓아내며 주의 이름으로 많은 권능을 행치 아니하였나이까 하리니 그때에 내가 저희에게 밝히 말하되 내가 너희를 도무지 알지 못하니 불법을 행하는 자들아 내게서 떠나가라 하리라"(마태복음 7:15-23)

억지로 진실한 표정을 지으며 웃어대는 거짓 설교자들을 조심해야 했다. 카리스마에 감동할 것이 아니라 성품을 보아야 했다. 중요한 것은 설교자들의 말이 아니라 그들의 됨됨이었다. 참된 지도자는 절대로 우리의 감정이나 지갑을 착취하지 않을 거라고 생각했다. 거짓 설교자들은 예수님을 이용해서 유력자가 되는 것뿐이지 그분을 진심으로 감동시키지 못하고 있었다. 잘못된 복음이 더 이상 교회에 들어와서는 안된다고 생각했다. 하지만 사람은 잘못된 선택, 생명과 연결되어있는데도 잘못된 선택을 할 수 있는 것이 인간이었다.

예수님은 우리를 한없이 사랑해주시고 용서하시는 분이며, 인격자이시다.

배신에 가슴 아프고, 무시함에 눈물 흘리는 그런 분이시다. 그 분이 우리를 목숨 걸어 사랑한다고 해서 그분에게 우리가 아무렇게나 해도 된다는 뜻은 아니다. 그분을 더 이상 가슴 아프게 해서는 안된다. 그것이 신랑의 사랑에 대한 신부의 도리이다. 하나님은 사랑이기에 우리를 참아주실 뿐 바보는 아니시다. 교회는 다시금 그분에게로도 돌아가야 했다. 더 이상 하나님의 기적이고 은혜라며, 불법을 자행하고, 자랑하지 말고, 이단이 발을 붙일 수 있는 토양을 만들어서는 안 되는 것이 우리 책임이다. 이단은 하나님이 그렇게 사랑하는 생명을 과감하게 앗아가고 있지 않던가. 돈에 매여 생명이 사그라지는 것을 외면한다면 하나님도 그것을 기억하실 것이나.

"들으라 부한 자들아 너희에게 임할 고생으로 말미암아 울고 통곡하라, 너희 재물은 썩었고 너희 옷은 좀먹었으며 너희 금과 은은 녹이 슬었으니 이 녹이 너희에게 증거가 되며 불 같이 너희 살을 먹으리라 너희가 말세에 재물을 쌓았도다. 보라 너희 밭에서 추수한 품꾼에게 주지 아니한 삯이 소리 지르며 그 추수한 자의 우는 소리가 만군의 주의 귀에 들렸느니라. 너희가 땅에서 사치하고 방종하여 살륙의 날에 너희 마음을 살찌게 하였도다. 너희는 의인을 정죄하고 죽였으나 그는 너희에게 대항하지 아니하였느니라. 그러므로 형제들아 주께서 강림하시기까지 길이 참으라 보라 농부가 땅에서 나는 귀한 열매를 바라고 길이 참아 이른 비와 늦은 비를 기다리나니, 너희도 길이 참고 마음을 굳건하게 하라 주의 강림이 가까우니라"(야고보서 5:1~8)

우리도 세상을 살다보면 유혹이 많다. 하지만 정답을 알고 있기에, 마음을 굳건히 하고 참아야 한다. 돈이 우리를 유혹할 때에도, 하나님을 떠나 양심을 속이고 살아도 징벌은커녕 모든 일이 너무 잘 풀리는 사람들을 보고 화가나고 속이 상하더라도, 나는 믿음으로 살아도 다가오는 것은 괴로움뿐이라도 우리는 정답대로 살아야 한다. 주님을 다시 맞을 준비를 하면서 살아야 한다. 남에게 하는 말이 아니었다. 바로 나에게 하는 말이었다.

4. 믿음으로 시작되는 꿈

　26살 설교준비를 하던 중 들었던 음성은 어제 일처럼 너무도 선명했고, 단 하루도 잊어본 적이 없었다. 다만 나로서는 감당이 되지 않는 이야기였고 이해도 되지 않았으며, 일단 내가 먹고 살아야 했기에 그냥 외면하고 지내왔다. 고민도 많았다. 내 신앙이 잘못된 것이 아닐까, 이러다 이단에 빠지는 것은 아닐까, 비몽사몽간 꿈을 꾼 것은 아닐까, 사단의 속삭임은 아닐까… 정말 별별 생각을 하며 잘못된 길에 들어서지 않기 위해 나를 치고 또 치던 시간을 지나왔다. 그 음성에 대한 믿음도 없었다. 내 삶은 거칠었고, 비루했으며, 낮고 낮았기 때문이었다. 항상 그런 음성 따위는 싫고 내 인생이 좀 편하고 귀해지기만을 바랐다.

　하지만 이제는 나도 해봐야겠다는 생각이 들었다. 확신이 없더라도, 아무것도 이루지 못하고, 승리하지도 못한 채 인생을 마감하더라도 일단 무엇이라도 해봐야겠다는 생각이 들었다. 하나님은 분명히 내게 다시 시작하라고 하셨다. 그날 그 음성을 들었던 순간으로 돌아가 다시 시작하기로 했다.

　시골에 살다보면, 많은 지식과 장비로 영리하게 농사를 짓는 사람들도 있지만 모두가 그런 것은 아니다. 지금도 그저 변함없는 자연을 읽고, 호미 한 자루, 낫 한 자루 가지고 일 년 농사를 일구는 노인들도 있다. 봄이 오면 모내기를 하고, 여름에 한창 땀을 흘린 후, 가을에 추수를 하는 것은 장비가 많은 이들이나 없는 이들이나 똑같다. 자연은 모든 이들에게 공평하다. 나는 지식도 장비도 없다. 하지만 호미 한 자루 가지고 1년 농사를 짓는 노인처럼, 변함없는 하나님을 믿고 이 땅을 일구기를 원한다.

이 일이 쉽지 않다는 것은 나도 안다. 농부는 이 땅에서 먹거리를 생산하며 큰 수고를 감당한다. 씨를 뿌리고 열매를 맺기까지 땀과 허리가 휘어지는 수고를 한다. 그렇게 수고를 해도 농사가 풍작인지 흉작인지 알 수가 없다. 하늘에서 비가 내리지 않을 때는 농부의 애가 탄다.

삶도 마찬가지이고, 우리가 해야 하는 일도 마찬가지이다. 하나님 말씀이라는 씨앗을 뿌리고, 옥토를 가꾸고, 씨앗이 싹이 나고, 열매 맺기까지 농사를 지어야 한다. 기도한다고 당장 이루어지는 것이 아니라, 때로 10년 20년 30년이 걸리는 경우도 있고, 죽을 때까지 이루어지지 않는 것도 있다. 하지만 행함이 있는 기도는 언젠가 이루어진다. 나는 씨를 뿌리고 싶다. 내가 거두지 못해도 내 손주 대에는 거둘 수 있는 씨앗을 뿌리고 싶다.

이 땅을 향한 꿈, 나만 꾸는 것이 아니라 많은 이들이 꾸고 있는 그 꿈을 우리는 지금부터 성실하게 뿌리고 싶다. 내가 이룰 수 없을지라도 성실한 농부이신 하나님은 이루어내실 것이다. 이 나라가 정신적으로, 윤리적으로 찬란한 열매를 곳곳에 맺고 세상에 퍼뜨리는 그 꿈을 우리가 떠나도 하나님은 분명히 기억하시고 이루어 가실 것을 믿으려 한다.

믿음이란 "믿습니다"고 말로만 하는 것이 아니라 하나님을 신뢰함을 바탕으로 육안으로는 볼 수 없지만 하늘의 뜻을 이 땅에 이루어 내는 것이라 생각한다. 그리고 그 믿음의 한 발을 이제 내딛어, 새로운 꿈을 꾸어 보려고 한다.

뒤돌아 보면 내 삶에 이해되지 않는 것들이 너무 많았다. 평범하지 못한 신앙생활이 그랬고, 내 출생이 그랬다. 하지만 뒤돌아보면 모든 것이 하나님의 은혜였고 섭리였음을 고백할 수밖에 없다. 또한 하나님 안에 있는 모든 것은 합력하여 선을 이룬다는 말도 이해가 된다.

나는 죄중에 잉태된 존재였지만, 아버지에게 좋은 가르침을 받으며 성장하도록 하셨고, 평생 의지가 되는 자매 윤숙이도 곁에 붙여 주셨다. 또한 26살에 들었던 음성으로 인해 고민이 많았고, 평범한 신앙생활을 하지 못하는 것에 원망도 있었지만 그 일을 통해 끝없이 하나님에 대해 공부하고, 그분의 뜻을 고민하며 살아왔던 시간덕에 하나님을 더 자세하게 알 수 있었다. 뿐만 아니라 항상 의심했던 그 음성대로 이루어지는 현실을 보면서 역사를 이루어가는 주인은 하나님이심을 실감하고 있다.

"우리가 알거니와 하나님을 사랑하는 자 곧 그의 뜻대로 부르심을 입은 자들에게는 모든 것이 합력하여 선을 이루느니라"(로마서 8:28)

제7장

갈길을
지시하시는

하나님

현재의 내 삶이 아닌 내 자식과 손주들이 살아야 할 미래의 삶을 걱정하게 된 내 나이 예순의 삶. 대개는 세상 무대에서 은퇴해야 하는 이 시기에 나는 이제야 태평양시대위원회 간사로서 새 삶을 시작하고 있다.

　　태평양시대위원회는 우리나라가 수준 높은 도덕성과 민주주의를 꽃피워 세계 문화를 이끌어 가는 장자의 나라가 되기를 꿈꾸는 사람들이 모인 곳으로, 미래에 대한 염려 때문에 내가 이곳에서 간사로 일하게 되었는지, 간사로 일하면서 그 꿈에 관심이 커졌는지는 잘 모르겠다. 아니 어쩌면 예순이라는 나이 탓일 수도 있다.

　　이 나이가 되기 전 젊음이 남아있던 시절에 나는 먹고 살기 위해서 정신없이 앞만 보고 달리던 사람이었다. 가끔 세상이나 나 자신을 보면서 이건 아닌데 싶어 멈추어 서고 싶을 때도 있었지만, 세상이 너무 빨리 움직이는 것 같아 나 혼자 멈추어서있을 수가 없었다. 그렇지 않아도 부족한 인생인데 더 낙오자가 되고 싶지는 않았기 때문이다. 그래서 내 주변 그리고 우리 전체의 삶을 보지 못했었다. 아마 우리 세대는 다 나와 같았으리라.

　　나이 예순이 되어서야 이제 주변을 둘러보게 되었고 세상이 생각보다 답답하고 황폐해진 것을 보고 마음이 아프다. 물질적으로는 풍성해졌지만, 정신적으로는 황폐하게 된 이 모든 책임이 우리 세대에 있는 것은 아닐까 싶어 미안한 마음이 들고, 이후 세대에 용서를 구하며, 우리가 했던 실수를 되풀이 하는 것을 막고, 우리의 지난 삶 중 얼마쯤은 기억해주었으면 하는 바람으로 몇 가지 이야기를 하고 싶다.

1. 은혜로 하나님 앞에 서있는 나

나는 하늘을 우러러 숨 쉬는 것도 감사하며 그저 감사할 뿐이다. 하나님 은혜가 아니면 나라는 존재가 어떻게 가능할 수가 있겠는가. 극심한 가난 속에 살아왔고 수많은 어려움을 만났지만 그래도 감사하는 것은, 하나님께서 나를 악한 환경에서 보호하시고, 광야 학교를 통해 인내와 지혜를 가르치셨으며, 죄악으로 숯덩이 같은 내 영혼을 조각칼과 망치로 다듬어 아름다운 주님의 형상으로 빚고 계시기 때문이다. 그 기간은 40년간 지속되고 있고, 내 죄악 된 모습에도 불구하고 하나님은 단 한 번도 나를 포기하지 않으셨다.

광야에서 수업을 받을 때 나는 하나님 마음을 참 많이도 아프게 했다.

성경에는 하나님을 부모와 자식에 비유하여 말씀하심에도 불구하고 하나님을 지존자, 무소불능하고 전지전능한 신으로만 생각했기에, 때문에 가슴 아파 하시는 그 고통을 짐작하지 못했다. 하나님이 지정의를 갖춘 인격체임을 생각하지 못하고 창조주와 피조물의 관계로만 생각하다 보니 의도하지 않았지만 끊임없이 그 분의 마음에 상처를 주는 불효자였다.

알면서도 또 몰라서 불순종하는 경우가 많았고, 이 길로 가라하면 저 길로 가고, 저 길로 가라하면 또 다른 길을 찾으며 고집 센 야생마처럼 방종했다. 돈키호테처럼 세상을 구하겠다고 설치면서 못나게 굴었다. 사랑을 주기보다 받기만을 원했고, 위로하기 보다는 위로받기를 원했다. 하지만 광야 수업을 거친 후에는 나 자신이 무엇인가를 할 수 있는 잘난 존재가 아님을 절실히 깨달았다. 종교라는 화려한 옷으로 치장하며 가려보아도, 하나님은 내 영혼 깊은 곳에 도사리고 있는 찌꺼기를 양파껍질 벗기듯 벗겨내시며 내게 보여주셨다.

과거에는 하나님 마음을 몰라서, 원망하며 몸부림치고 내 있는 힘을 다해 반항했을 텐데 지금은 순한 양처럼 그저 따를 뿐이다. 그것은 하나님께서 폐품인 나를 리모델링하시며, 상상을 초월할 작품으로 빚어가는 분이심을 깨달았기 때문이다. 나는 그것을 깨달은 후 하나님 아버지의 마음을 알아드리는 효녀가 되기로 결심했다. 시키시는 일은 사소한 것이라도 무조건 묻지도 따지지도 않는 것이 순종이다. 나를 연약한 존재가 아니라, 어떤 환경에서도 생명수인 예수님께로 뻗어나갈 수 있는 강한 생명력과 잡초를 닮은 담대한 근성을 주셨음도 깨닫고 감사드린다. 지금까지의 겪은 모든 일들은 나를 향한 하나님의 인내와 사랑이었음을 믿는다.

나는 가난했지만 한 번도 부자가 되게 해달라고 기도한 적은 없다. 그저 내 인격이 예수님께 합격점을 받은 후 하늘 보화 창고 문을 열어 주셔서, 이 땅에서 복음을 전하는 축복의 통로가 되게 해달라고 기도했을 뿐이다. 그리고 지금 나는 그 기도의 응답을 지금 받는 중이다. 내가 글을 쓰고 있는 이것이 바로 그 증거이다.

2. 예언과 성취

1980년대, 내 나이 26살 때 교회를 개척하고 사역을 할 당시 우리나라에 대한 하나님의 계획을 들은 바 있다. 내용은 대통령에 관한 것이었고, 이단으로 인해 엄청난 일이 닥칠 것임도 말씀하셨다. 그리고 두려워하는 나에게 궁극적으로는 우리나라에 빛의 역사가 들어올 것임도 보여주셨다. 그 당시에는 도저히 믿을 수 없는 일이었지만 35년여가 지난 지금은 그 음성대로 모든 일이 이루어져 온 것을 보면서, 하나님이 역사의 주인이심과 한 치도 거짓이 없는 분임을 믿게 되었음을 고백한다.

그때부터 현재까지 그 음성처럼 7명의 대통령이 지나왔고, 여자가 대통령이 될 것이라던 그것 역시 그대로 이루어진 것을 지금 보고 있다. 이단에 관한 부분 역시 '세월호'라는 너무도 비극적 사건을 겪으면서 우리는 함께 슬퍼했고 분노했으며, 이단에 관한 과거와 현실을 안타깝게 보고 있다. 이단을 향한 분노가 일어남과 동시에 그저 방관해왔던 나 자신에 대해서도 화가 일었다.

더 이상 가만히 있어서는 안 될 것 같다. 이제 대한민국 복음화를 위해 혼자라도 복음의 깃발을 들고 나아가기로 결심했다. 하나님 아버지의 효녀, 심청이의 심정으로 대한민국이 복음화 될 수만 있다면 이 한 몸 던질 결심을 했다. 나이 60세에 이른 지금은 마음에 걸리는 사람이 없고, 나 혼자 몸이기에 마음껏 복음의 날개를 달고서, 죽는 날까지 복음 전하는 일만 감당하고 싶다.

3. 태평양시대위원회에서 꾸는 꿈

김동길 박사님이 이끄는 태평양시대위원회에 간사로서 일하고 있다.

부족한 내가 이 일을 하는 것 역시 하나님의 인도하심이라고 생각한다. 이 일을 하면서 지켜보니 성숙한 민주주의를 이루어 가기 위해서는 지도자와 국민 모두 지혜로워야 한다는 생각을 한다.

지도자는 자신이 아닌 국민의 마음을 알아주는 정치를 해야 하지만, 때로 국가의 중요한 결정을 두고는 국민의 지지나 인기에 연연하기 보다는, 옳은 일을 선택할 지혜와 용기가 필요하다는 생각도 한다. 국민 상당수가 지지하는 것과 다른 결정을 해야 할 때도 있는 것 같다. 중요한 것은 지도자의 판단기준은 하나님의 뜻이어야 한다는 것이다. 하나님의 선하시고 기뻐하시는 뜻이 무엇인지 알아야 한다. 하지만 현재 우리나라의 정치 형태를 보면서 안타까울 때가 많다.

광화문 한복판에 이순신 장군과 세종대왕 동상이 있다.

우리가 왜 이순신 장군을 그리워할까? "명량"이라는 영화를 통해 이순신 장군을 접할 수 있었다. 그 당시에 이순신 장군은 13척의 배를 가지고 일본의 정예함대 200척에 맞서는 싸움을 하셨다. 그리고 천우신조라고 하는 회오리바람이 이순신 장군을 돕는다.

'살고자 하면 죽을 것이요 죽고자 하면 살 것이다' 외치면서 생명을 바쳐 조국을 지켜내고자 하는 그 마음이 하늘에 닿았던 것은 아닐까 싶다. 영화에서 이런 장면도 생각난다.

"내가 전장에서 이길 수 있었던 것은 하늘이 일으켜준 회오리 바람과 백성들 덕분이다.'

나는 영화를 보면서 사백년 전에도 하나님은 주무시거나 졸지도 않으시고 우리나라를 눈동자같이 지키셨구나 생각했다. 관객들도 너무 진지했다. 영화의 엔딩 크레딧이 올라가도 거의 자리에서 일어나지 못하고 멍하게 앉아있었다. 정적이 흘렀다. 이것은 무엇을 의미하는 것일까? 이는 이순신 장군과 같은 지도자 그리고 통일된 조국을 가슴 깊이 바라는 것이 아닌가 싶다.

나는 현재를 사는 우리에게도 하나님께서 회오리바람을 일으켜 아시아 등불 대한민국으로 이끌어 줄 것을 확신한다. 대한민국의 건국이념이 홍익인간이 아닌가? 사랑과 정직으로 국민 한 사람 한 사람이 통일된 조국을 이루어 낼 것이다. 아시아 등불과 통일된 조국은 21세기 태평양시대 역사의 큰 두 수레바퀴이다.

타고르는 1919년 3.1 운동의 평화적 시위와 독립을 향한 집념에 내해 듣고 우리에게 희망을 주기 위해 "동방의 등불"이라는 영혼의 메시지를 주었다. 나는 하나님께서 타고르 시인을 통해 우리에게 주신 것이라 믿고 싶다.

일찍이 아시아의 황금시기에
빛났던 등불의 하나였던 코리아
그 등불다시 한 번 켜지는 날에
너는 동방의 밝은 빛이 되리라
마음에는 두려움이 없고
머리는 높이 쳐들린 곳
지식은 자유롭고
좁다란 담벽으로 세계가
조각조각 갈라지지 않는 곳
진실의 깊은 속에서 말씀이
솟아나는 곳
끊임없이 노력이 완성을

향해 팔을 벌리는 곳

지성의 맑은 흐름이

굳어진 습관이 모래벌판에

길을 잃지 않는 곳

무한히 펴져 나가는 생각과

행동으로 우리들의 마음이

인도 되는 곳

그러한 자유의 천국으로

내 마음의 조국 코리아여

잠을 깨소서

이는 대한민국의 미래를 선포해준 시가 아닌가 한다. 유럽이 아무리 아름답다고 하더라도 나는 대한민국에 태어난 것이 너무도 감사하다. 인천공항에 도착하면 하나님의 임재를 늘 느낄 수 있다. 자유민주주의 천국에 온 기분도 느끼곤 한다.

4. 생명과 창조주 하나님

이스라엘이 초림 예수 성령의 '이른 비'의 역사라면, 대한민국은 재림 예수 성령의 '늦은 비' 역사이다. 성경 요한계시록 첫 장에 이런 말이 적혀있다.

"예수그리스도의 계시라 반드시 속히 일어날 일들을 그 종들에게 보이시고 그의 천사를 그 종 요한에게 보내어 알게 하신 것이라. 이 예언의 말씀을 읽는 자와 듣는 자와 그 가운데에 기록한 것을 지키는 자는 복이 있다.”

복음이란 예수가 인류 역사에 오셔서 탄생, 죽음, 부활, 승천하시고 다시금 이 땅에 오심으로 막이 내려지는 이야기이다. 여기에서 어느 것 하나라도 빠져있는 복음은 가짜나. 종말론이 우리에게 혼란을 주는 경우도 있지만 그 가짜를 따른 이들도 자신의 책임을 부인하지는 못할 것이다. 왜냐하면 우리에게는 이미 나침반인 성경을 주셨기 때문이다.

“모든 육체는 풀과 같고, 그 모든 영광은 풀의 꽃과 같으니 풀은 마르고 꽃은 떨어지되 오직 주의 말씀은 세세토록 있도다”(베드로전서 1:24)

태어나는 것은 자신의 의지와 상관없이 이루어진다. 부모님은 태어날 생명과 상의하지 않으며, 그저 새 생명에 대한 기쁨으로 기다릴 뿐이다. 이 세상이 아무리 험한 바다일지라도 부모는 가장 귀한 것 곧 생명을 자식에게 주고 싶은 마음뿐이다. 모든 인생이 배내옷에서 시작하여 수의로 마감을 하는데도 말이다.

이 땅에서 부모님이란 하늘같은 존재이다. 십계명에도 첫 번째 계명부터 네 번째 계명까지는 하나님의 존재에 대해 인간이 해야 할 도리로 이루어져있지만, 다섯 번째는 부모를 공경하라는 것에서 시작하여, 사람이 사람에게 해서는 안 되는 규율을 우리에게 알려주셨다.

이 세상만 생각하면 염세주의, 어려운 가정의 부모에게 태어난 원망, 불평, 삶의 분노와 억울함으로 삶이 고통스럽고 생명을 스스로 끊고 싶을 수도 있다. 하지만 하나님 아버지께서는 "부모가 너희를 버릴지라도 나는 너희를 버리지 않고 세상이 끝날 까지 함께 한다"고 하셨다.

하나님 말씀에 비추어 생각해 볼 때 이 세상에 존재하는 생명은 모두 하나님의 것이므로 가장 소중하게 다루어야 할 부분인 것 같다.

나는 내 출생의 비밀을 알기 전에는 아버지가 술은 드시기는 했지만 자부심이 많았다. 아버지는 공부를 많이 하신 분이셨고, 정치에도 관심이 많으셨다.

내 어린 시절 살던 방이 너무 좁아서, 춥지 않은 계절이나 여름철이 되면 나와 윤숙이는 아버지와 함께 야외 평상에서 잠을 잤다. 그 당시에는 '야경꾼'이라고 해서 "딱딱" 소리를 내면서 마을을 도는 이들이 있었다. 아버지는 이 야경꾼을 잠시 쉬게 하시면서 함께 정치 이야기를 나누곤 하셨는데 가끔은 자장가처럼 들릴 때도 있었고 또 가끔은 내 선잠을 방해하기도 했다. 그럴 때면 나는 아버지에게 "잠 좀 자자" 소리를 지르면 아버지는 "그래, 알았다" 하시면서 야경꾼을 돌려보내셨다.

하나님 아버지도 한 분, 지구도 하나, 달도 하나, 해도 하나, 그래서 지구상의 인종을 초월하여 하나님 입장에서는 모두가 자녀이다.

때로는 지구상에 이해 할 수 없는 천재지변이 일어나고, 나라와 나라 사이에 전쟁 소식도 끝없이 들려오는 불안한 시대에 살고 있지만, 철학자 스피노자는 "내일 지구의 종말이 올지라도 나는 오늘 한 그루의 사과나무를 심겠다"고 했다. 인간은 시간이라는 공간 속에서 제한된 삶을 살 수 밖에 없는 존재이면서도 영원을 꿈꾸는 존재이기도 하다.

창세기에 '태초'라는 단어가 나온다. 우리는 모태에서 탯줄로 생명을 부여 받는다. 태초에 하나님이 천지를 창조하시니라 하시듯 하나님이 우리의 '시작'이시기 때문에 우리 삶의 모든 문제는 하나님 관점에서 풀어야만 해결책을 얻을 수가 있다. 삶과 죽음은 물론 지나온 역사도, 앞으로 일어날 미래도, 현재 당하고 있는 고통도 길이요, 진리요, 생명이신 예수께만 해답이 있다.

5. 역사와 경제

나는 역사가도 아니며, 별다른 지식도 없는 사람이다.

부모의 유산 한 푼 없었고, 이 세상 누구에게도 도움을 받을 수 없었기 때문에 어린 시절에는 항상 배가 고팠고 가난을 절감했다. 가난 때문에 사람 구실 못하고, 허덕이는 삶을 그저 열심히 살아왔다.

가난해본 사람은 가난이 낭만적인 것이 아니라는 것을 안다. 지갑에 돈이 없는 것은 불편한 것일 뿐이라는 말은 환상에 지나지 않다. 이미 그 길을 지나와서 잘 알고 있는 나에게 다시금 그 길을 가라고 하면 나는 자신이 없다. 어린 시절 우리나라 모두가 가난했기 때문에 나는 황무지에 장미꽃을 피운다는 것이 얼마나 힘겨운 일인지 잘 알고 있다. 그래서 선조들에게 감사하고 지금의 조국이 소중하다.

나는 경제 성장과 함께 혼(soul)이 있는 대한민국으로 업그레이드 하는 일에 동참하고 싶고, 먼 훗날 후손들이 살아갈 조국을 위해 힘쓰고 애쓴 흔적을 남기고 싶다. 내가 지금 우리나라를 위해 할 수 있는 일은 책을 쓰는 것 외에는 아무것도 없다. 나는 자식과 손녀들에게 유언하는 심정으로 글을 써 내려가고 있다. 나는 명예, 재산도 없는 사람이라서 세상을 구제할 수가 없기에 내 육십 평생을 돌아보며 깨닫고 배운 것을 남길 뿐이다.

옛말에 "말이 씨가 된다"고 했다. 하나님 말씀을 씨앗으로 뿌려놓으면 언젠가는 열매를 맺어 지금보다 더 좋은 대한민국을 이루게 되리라는 믿음이 있다. 그 옛날 내가 들었던 음성에 대해 모두 말할 수는 없지만, 40년 가까운 세월을 지나고 보니 하셨던 그 말씀이 그대로 다 이루어졌음을 다시금 고백하지 않을 수 없다. 동생 윤숙이가 내 증인이다. 윤숙이는 교회 개척할 때부터 나를 도와준 동생이자 동역자이다. 이해할 수 없는 미션을 받을 때마다 윤숙이에게 이야기를 했다.

"교수를 만나라"는 음성을 들었을 때에도, 나는 당시 이단을 연구하던 탁명환 교수님을 만날 작정이었다. 그런데 윤숙이가 내 손에 쥐어주었던 김동길 교수님이 쓰신 「석양에 홀로 서서」를 읽게 되었다. 교회를 접고 서울로 이사 온 지 얼마 되지 않았을 때였다. 나는 그 책을 읽고 음성에서 들었던 '교수'가 바로 김동길 교수님이라는 확신이 들었다. 교회를 접고 서울로 가라는 말씀도 이제와 생각하니 교회를 신고하셨던 그 집사님을 통해 나를 몰아치셨던 하나님의 역사였다는 생각이 든다.

나는 단순 무식한 구석이 있다. 부모님 말씀 거역하면 큰일이라도 생기는 줄 알고 순종하며 자라왔다. 그래서 중학교 때부터 은행에서 일을 하면서 받은 월급을 봉투 한 번 열어보지 않고 엄마에게 드렸다. 어린 시절 이런 일도 있었다.

엄마가 콩나물을 사 오라고 심부름을 시켰는데, 거스름돈을 세어보니 더 많이 받은 것을 알았다. 순간 갈등이 되었다. 간만에 용돈이 생겼다. 하지만 그 순간 "1원 한 푼도 너의 것이 아니면 누가 보든 안보든 절대로 만지지 말아라"하시던 아버지의 말씀이 생각나, 집으로 향하던 발길을 돌려 돈을 돌려드리고야 말았다. 가게 아주머니는 너무 좋아하시며 나를 칭찬을 해 주셨다.

'정직하게 산다는 것이 이런 기쁨이구나.'

그 때 정직의 맛을 보았다. 나는 아버지에게서 사랑과 용서 그리고 정직을 배웠다.

이것은 하나님 아버지의 속성이기도 하다.

에덴동산에서 하나님과 사람 사이의 신뢰가 무너지면서 죄가 들어왔다. 끝없는 인간의 타락과 하나님에 대항하는 인간의 반역이 있을 때마다 하나님께서는 노아 시대의 홍수로 세계 피조물을 쓸어버리시는가 하면, 소돔과 고모라 성은 불로 심판하셨으며, 바벨탑 사건에서는 언어를 혼잡하게 하시어서 모든 인류를 흩어버리셨다.

인간이 부패할 때마다 하나님께서 지구를 대청소하신다고 생각한다. 부패하고 썩은 것은 잘라냄으로써, 하나님께서는 한 사람도 멸망하지 않도록 무한한 인내와 사랑으로 우리를 지키시는 그 마음을 이제 조금 알 것 같다.

이 세상에서 가장 슬픈 것은 자식을 가슴에 묻고 살아야 하는 부모의 마음 일것이다. 하나님은 우리의 아버지로서 사랑하는 자식을 단 한명이라도 잃었을 때 얼마나 아파하실지 생각하면 너무나 마음이 아프다. 아버지가 절친한 친구의 딸인 나를 인내와 사랑으로 길러 주신 것처럼, 하나님 아버지 사랑이 하나님의 독생자 예수를 어린양 속죄물로 인류의 죄에 내어주셨다. 그런데 하나님의 귀한 사랑을 알지 못하고, 지금 우리는 방향을 모른 채 무엇인가 쫓기듯 신기루를 향해 가고 있다.

21세기에 사는 우리에게 하시는 말씀이 디모데후서3장에 있다.
"너는 이것을 알라 말세에 고통하는 때가 이르러 사람들이 자기를 사랑하며 돈을 사랑하며 자랑하며 교만하여 비방하며 부모를 가역하며 감사하지 아니하며 거룩하지 아니하며 무정하며 원통함을 풀지 아니하며 모함하며 절제하지 못하며 사나우며 선한 것을 좋아하지 아니하며 배신하며 조급하며 자만하며 쾌락을 사랑하기를 하나님 사랑하는 것 보다 더 하며"

21세기 현대를 사는 우리의 모습과 너무 닮아있지 않는가? 말세라고 했다.

말세의 뜻이 무엇인가? 도덕, 풍속, 정치 등의 모든 사회 질서와 정신이 매우 타락하고 쇠퇴하여 끝판에 이른 세상을 의미한다. 성경을 통해 알 수 있듯이 하나님의 심판이 이를 때에는 반드시 하나님의 종들을 통해 알려 주신다. 하나님 말씀을 거역하고 듣지 않을 때 우리에게 오는 것은 고통뿐이다.

산모가 아이를 해산할 때는 반드시 진통을 겪게 마련이다. 오랜 시간의 진통을 겪어보면 그 고통은 이루 말로 할 수가 없다. 살을 칼로 돌려내는 것 같은 아픔이다. 우리가 사는 지구에 진통이 시작되었다. 이것은 무엇을 뜻할까? 주님의 재림이 가까워지는 시기라는 것이다. 다만 그때를 아무도 알지 못할 뿐이다.

우리는 슬기로운 다섯 처녀처럼 준비하고 있어야 한다. 평소에 공부를 해놓은 사람은 시험이 두렵지 않은 법이다. 신앙생활도 이와 마찬가지이다. 예수님이 지구에 오신 초림 때부터 말세는 시작되었다. 예수님이 오셨던 그 시대에도 사람들은 종말에 대해 관심이 많았다.

"보라 그리스도가 여기 있다. 혹은 저기 있다. 하여도 믿지 말라고 했다. 거짓 그리스도, 거짓 선지자들이 일어나 큰 표적과 기사를 보여 할 수만 있으면 택하신 자들도 미혹하리라 사람들이 너희에게 그리스도가 광야

에 있다 하여도 나가지 말고 보라 골방에 있다 하여도 믿지 말라"(마태복음 24:23)

그저 우리는 하나님 말씀에 순종하며 하루하루를 살아가면 된다.

나는 1970년대를 뚜렷하게 기억하고 있다. 그 시절에는 경제개발, 국토개발 사업을 국가적으로 시행했다. 아침에는 동네가 시끄럽게 새마을운동 노래가 스피커를 통해 울려퍼졌고, 구령에 맞추어 국민체조를 하며 하루를 시작했다. 동네 어르신들은 삽을 들고 어딘가 가셨다가, 해가 질 무렵 돌아오실 때에는 밀가루나 쌀 등을 가지고 오시며 불평하시거나 이야기를 나누곤 하셨다.

"나라가 어려워서 돈은 당장 못 받고 양식으로 줬다"

"어쩌겠나, 나라가 어려운데."

밥도 깡통에 동냥하는 사람이 태반이었다. 하지만 근래에는 굶어 죽는 사람은 없지 않는가. 우리 민족이 나아갈 방향을 생각해야 한다. 물론 사람들마다 생각과 사상이 다를 수 있지만, 민족성의 본질은 같아야 하지 않겠는가. 사랑하는 사람들은 같은 방향을 바라보며 걷는다고 했다. 나는 대한민국이라는 나라를 떠올리면 사랑과 정직한 나라로 기억되면 좋겠다.

몇 십 년 전 4.19나 5.16 등과 같은 우리 민족사를 기억하는가? 나는 5.18 광주항쟁을 또렷하게 기억하고 있다. 그때 내 나이 20대 중반이었다. 정치에 대해서 아무것도 몰랐고, 관심도 없을 때라서 그냥 지나갔지만 세월이 지나고 돌아보니 사람이라면 절대 해서는 안 되는 일을 벌였던 것이다. 광주항쟁은 대한민국 역사속의 슬픈 한

페이지로 기록되어 있다. 사람은 생각하는 동물이다. 하나님께서 사람을 지·정·의를 갖춘 인격체로 창조하셨다. 그런 인격체, 꽃다운 생명이 그렇게 짓밟혔어야만 했던가 싶어 괴롭다. 이는 인류의 살인자 가인의 피가 몸속에 흐르기 때문이다.

역사란 잘못된 것을 바로 잡고 정도의 길을 가는 것이다. 대한민국의 탄생은 1919년 4월 13일 대한민국임시 정부 수립 선포에서 시삭하여, 대한민국의 정통성을 굳건히 하고 민족 자립 의식으로 시작되었다. 현재 21세기를 기준으로 100년 가까운 세월이 흐른 지금 대한민국의 현재 모습은 어떤가? 역사를 모르고는 삶을 바르게 살아가기란 무척 힘든 일이다.

우리나라 젊은이들이 6.25 전쟁을 겪지 못했지만, 공산주의 사상이 사람의 삶을 얼마나 황폐하게 만들 수 있는지 알고 있을까 염려된다. 자유민주주의가 얼마나 소중한지, 국가가 없이는 자주적 개인도 존재하기 어렵다. 현재 우리가 누리는 이 자유민주주의를 이루기 위해 얼마나 고귀한 생명이 희생되었는지 꼭 기억해주고 감사한 마음을 가져주었으면 좋겠다.

6. 교육과 교회의 사명

우리의 삶은 가정에서 시작된다.

가정을 스위트 홈(sweet home)이라고 하지 않는가. sweet의 뜻은 "달콤한, 맛좋은, 사랑스러운, 기분 좋은 사탕" 이라는 것인데, 지상낙원은 바로 다름 아닌 가정이다. 그곳에는 부모, 형제, 사랑과 같은 그 무엇보다 끈끈한 것으로 뭉쳐있다.

그런데 21세기 현재를 사는 우리의 모습은 그렇지 않은 것 같다. 부부가 맞벌이를 하지 않으면 자녀를 교육시키고 생활하기가 벅차다. 우리나라 모든 부모의 고충이다. 옛날처럼 부모가 자식을 끼고 키우는 시대는 지났고, 마음껏 뛰어 놀아야 하는 아이들이 아침에 무거운 가방을 맨 채 어린이집이나 유치원으로 간다. 내가 자녀를 키울 때와 너무나 달라져버린 문화이다.

불과 몇 십 년 전 아이들은 흙에서 뒹굴며 자랐다. 지금은 아이들을 자동차와 범죄의 위험 등으로 인해 집 앞의 놀이터에 마음 편하게 아이들을 내어놓을 수 없는 시대가 되어버렸다. 보통의 아이들은 어린이집이나 유치원에 가 있기 때문에 집에 있는 아이는 이상한 아이가 되어버린다. 자녀를 국가가 책임지고 키워주는 시스템이 정착된 것도 아니다. 이런 때 교회가 사명을 가지고 유년부에서 일주일에 한 번씩이라도 바른 교육을 해야 한다.

교회의 사명이 무엇인가?

세상의 빛과 소금의 역할을 감당해야 하고, 성수주일, 헌금(십일조), 전도, 봉사 등 다양하다. 예수를 믿는 것이 무엇이든 잘되는 복주머니를 얻는 것이 아니다. 교회 즉 예수를 따르는 무리는 세상이 감당할 수 없는 일을 해내는 곳이다.

세상은 '이에는 이, 눈에는 눈'의 법칙이 적용되며, 10원이라도 손해를 보면 큰일 날 것처럼 야단인 곳이다. 반면 예수님의 사상과 삶의 스타일은 어떤가? 오른손이 하는 것을 왼손이 모르게 하고, 오른뺨을 때리면 왼뺨도 돌려대라 한다.

나는 과연 그런 삶을 살고 있을까? 남이 내 뺨을 때리면, 나는 다른 뺨도 돌려댈 수 있을까? 글쎄요, 나라면 맞은 즉시 상대의 뺨을 세차게 때리지 않을 것이라고 장담하기 어렵다. 예수님의 가르침은 이렇듯 이 세상과 완전히 반대이다. 대접받을 생각을 하지 말고, 대접해야 하고, 한없이 주는 삶을 살아야 한다.

마태복음 5장에 예수님께서 '복 있는 사람'에 대해 하신 말씀이 있다.

종교행위로 복 받을 생각하지 말고, 심령이 가난해야하며, 슬퍼하고 가슴 아파하는 마음, 온화하고 부드러운 성품, 의에 주리고 목마른 자, 긍휼이 여기는 자, 마음이 청결한자, 화평케 하는 자, 의를 위해 핍박 받는 자가 복된 사람이라고 하셨다.

애국자가 따로 있겠는가? 말씀을 실천하며 예수를 믿는 아름다운 삶의 작은 불꽃들이 모여 사회를 변화시키고 샤론의 장미를 피워내는 것이다. 성도들은 각자 삶의 자리에서 그리스도의 편지가 되어 향기를 발하고, 사람들이 그 향기에 취해 천국 문을 향하도록 인도하는 삶이 되어야 한다.

대한민국의 운명은 우리의 마음속에 달려있다. 교회가 사명을 잃으면 살아있다 하나 죽은 것이다. 종교행위로 천국에 가는 것이 아니고 믿음으로 가는 것이다. 하나님께서는 불법을 행하는 자는, 귀신을 쫓아내고, 권능을 행하고, 메시지를 전하는 예수 사역이라는 미명아래 하나님을 이용하는 자들이라고 말씀하셨다. 이 땅에 태어나 부모한테 자식된 도리로서 효도하는 것은 당연하다. 자랑하거나 부모의 재산을 노려서 효도하는 자식이 어디 있는가? 낳아주시고 진자리 마른자리 갈아 뉘시며 손발이 다 닳도록 고생하신 은혜에 보답하는 것은 당연하다. 창조주 하나님의 존재를 부인한다고 그 분이 사라지는 것이 아니다. 하나님의 또 다른 이름은 여호와이시다.

"너는 나 외에 다른 신들을 네게 두지 말라"고 단호하게 말씀하셨다.

농부는 하나님이 정한 자연의 섭리에 따라 농사를 짓는다. 방송을 통해 강원도에서 배추 농사를 짓는 농부의 인터뷰를 보았다. 리포터가 농부에게 "정말 농사를 잘 지셨네요. 어떻게 이렇게 잘 지으셨어요" 하니 농부가 "나는 하나님과 동업해요" 하며 껄껄껄 웃는 모습이 인상 깊어 기억을 하고 있다.

하늘에서 적당한 비와 바람과 빛이 없으면 농부의 수고도 허사이다. 농촌은 종교인이 아니라도 하나님의 존재를 믿고 산다. 밭에 콩을 심고 고구마, 감자, 각종 먹거리를 심어 놓았는데 하늘에서 비를 내려주지 않으면 타들어 가는 곡물을 보는 농부의 마음은 애가 탄다. 농부는 간절히 비오기를 하나님께 기도한다. 성경에 하나님은 농부요, 세상은 밭이요, 가라지는 원수요, 좋은 씨는 인자라고 했다. 나는 이 진리의 말씀을 실감한다. 하나님 은혜가운데 살고 있음을 누구도 부인 할 수 없다.

십일조, 헌금, 봉사, 전도라는 행위는 하나님의 자녀로써 당연한 도리이다. 당연한 도리를 하는 것을 가지고 복의 통로라고 생각해서는 안된다. 복음이 우리나라에 들어온 것이 2세기로 접어들었다. 짧으면 짧고 길다면 긴 세월이다. 세상 속에서 지금 예수쟁이의 모습은 사람들에게 거부감을 느껴 머리를 절레절레 흔드는 존재가 되었다. 그 이유를 알아야 한다. 이 시점에서 성령이 교회들에게 하시는 말씀을 듣지 않으면 언젠가는 한국교회를 하나님 손에 의한 키질을 당할 때가온다. 왜냐하면 하나님 아버지는 농부이시기 때문이다.

벌꿀을 Honey라고 한다. 꿀의 본질은 벌이 꽃이나 식용나무에서 채취하여 신이 인간에게 주신 최고의 선물이다. 꿀에 설탕이나 물엿 등을 섞으면 가짜 꿀이 되어 버린다. 성경에는 하나님의 말씀을 꿀 송이로 비유하기도 했다. 복음에는 더하지도 말고 빼지도 말라고 하셨다. 복음은 말 그대로 복된 소식이다. 복음 자체가 복이다. 복음 외에 더 이상 무슨 복이 더 필요할까 싶다. 우리가 구해야 하는 본질은 그의 나라와 그 의를 구하는 것이다.

7. 새로운 가족형태 다문화 가정

우리나라 농촌의 결혼 문화에 대해서도 생각을 해봤다.

시골에는 다문화 가정이 대부분으로 한 집 건너 한 집은 동남아 여성들이 시집을 왔고, 언어도 통하지 않고, 문화도 다른 속에서 적

응하기 위해 고군분투하며 살고 있다. 그들이 좋은 남편을 만났다면 다행이지만 그렇지 못한 경우 가슴 아픈 일이 수시로 벌어지고 있다. 그 옛날 우리가 아메리칸드림을 꿈꾸며 떠나갔던 미국 땅에서 받았던 설움과 학대를 우리도 그들에게 그대로 하고 있지는 않는지…

성경에는 "나그네를 잘 대접하라"는 말씀이 있다. 하지만 우리의 모습은 어떤가? 대접은커녕 노예처럼 대하는 이들도 많지 않은가? 이것 역시 우리가 풀어야 하는 숙제이다.

동남아 여성들은 어떤 꿈을 안고 한국으로 시집을 오고 있다. 그들은 한국문화에만 익숙한 시부모님을 모시고 살게 되다보니 결혼의 부푼 꿈과 달리, 현실의 삶은 고달플 수 있다. 언어와 문화가 통하지 않아 갈등이 있으며, 농촌의 생활은 감당해야 하는 일까지 많다보니 행복하기 보다는 지치고 힘든 날이 많을 수도 있다.

시골길을 걷다보면, 젊은 부부가 땀을 흘리며 일하는 모습을 종종 본다. 아내는 동남아 여성이고, 남편과 거리를 둔 채 말없이 일만 하고 지쳐있는 모습에 가슴이 아프다. 뿐만 아니라 병원에 가면, 동남아 여성들이 아픈 자녀들을 데리고 왔지만 증상을 표현하지 못해서 발을 동동거리는 모습을 보는 날도 많다. 다문화가정은 개인의 문제가 아니라 국가가 해결해야 하는 문제임을 느끼고 있다. 이런 상황에 아무것도 할 수 없는 나 자신이 안타깝다. 농촌은 농촌대로, 도서지방은 도서지방대로, 도시는 도시대로, 우리가 처한 현실 문제를 어떻게 풀어나가야 할지 모르겠다.

우리나라를 백의민족, 한민족이라고 했다. 21세기 태평양시대를 맞이하여 더 이상 그런 말이 무색하지만, 그렇다고 우리나라 민족성이 어디로 가겠는가? 국가의 위기가 있을 때마다 슬기롭게 이기는 민족성이 우리에게 있다. IMF 때 금 모으기 운동에서도 볼 수 있지 않는가?

내가 복을 받을 만한 그릇이 될 때에 복을 달라고 기도한 적이 있었다. 세상에서의 인정을 살망하고, 고집이 세고 욕심도 많은 내 성격상 물질과 명예가 주어지면 세상으로 갈 것은 불을 보듯 너무나 뻔한 일이었기 때문이다.

하지만 삶이 너무 힘들때는 그런 기도를 했던 나 자신을 반성하며, 언제쯤이나 내가 그런 그릇이 될까 조급한 마음으로 기다렸다. 기다림이 길어져도 그 날은 좀처럼 오지 않았고 나는 점점 지쳐갔다.

그런데 이제와 생각해보니 복은 먼 훗날 오는 어떤 것이 아니라 예수님을 만난 그 순간부터 받고 있었음을 깨달았다. 주님을 내 삶의 주인으로 모신 그 순간 세상적으로는 깨어지고 고통 하더라도, 죄에서는 보호함을 받아왔고, 영적으로 다듬어지는 나를 지켜보며, 아름답게 완성될 그 날을 기다리고 있는 중이었다. 뿐만 아니라 세상적으로 가난하고 약하기에 억울하고 고통당하기에 그분이 오실 날을 더욱 갈망할 수 있었던 매일의 순간이 바로 복이었다.

마찬가지로 우리나라도 먼 미래에 복이 찾아오는 것이 아니라, 하나님의 나라를 이루어가려는 매일의 순간과 과정이 바로 복임을 믿고, 그 복됨에 이미 감사하고 있다.

"심령이 가난한 자는 복이 있나니 천국이 그들의 것임이요"(마태복음 5:3)

8. 아버지 그 그리운 이름

나는 아버지에게 정직을 배웠다. 그리고 하나님 아버지에게 사랑을 배웠다. 삶의 주제는 사랑과 정직이라고 해도 과언이 아니다. 이 세상에 사랑이 없으면 무슨 재미로 살겠는가?

나는 어릴 때 아버지가 왜 술을 드시는지 몰랐다. 초등학교 3학년이 되어서야 친척 오빠에게 사기를 당했다는 사실을 알았지만 그것이 그렇게 나쁜 일이라는 것까지는 몰랐다. 아버지께서 단 한 번도 그 오빠를 향해 욕을 하거나 미워하는 것을 보지도 듣지도 못했기 때문이었다. 어릴 때 엄마가 그 오빠에게 돈을 받아오라고 나를 간간이 그 집에 보내곤 했지만 우리는 별다른 왕래가 없이 지냈다.

그러다 내 나이 27살 교회가 무너진 후 다시 서울로 왔을 때 그 오빠가 나를 찾아왔다. 당시 윤숙이는 결혼 준비 중이었는데, 내게 윤숙이 결혼선물이라며 벽시계를 건네주었다. 그날 나를 찾아왔던 오빠는 그 옛날 화려하고 아무 걱정도 부족함도 없던 그런 사람이 아니었다. 너무나 초라하고 볼품없이 변해있었다. 나를 보고 눈물을 글썽이며 "니가 화숙이니?" 하는데, 그 눈에서 우리 아버지를 향한 그리움과 미안함을 뚜렷하게 볼 수가 있었다. 선물을 받아든 나는 차라도 드시고 가라며 잠시 붙들었지만, 그 오빠를 향한 감정이 좋지 않으니 그저 인사치레였을지도 모르겠다. 그리고 얼마 후 그 오빠가 세상을 떠났다는 소식을 전해 들었다. 아마도 오빠가 죽음을 앞에 두고 아버지에 대한 사죄를 하기 위해서 나를 찾았던 것은 아닐까 싶었다.

우리 아버지는 친척들에게 인기가 좋았다. 교훈이 있는 이야기를 참 재미있게 전해주시곤 했고, 그 이야기를 들으려 우리 집을 찾던 친척들의 발길이 끊이지 않았다. 아버지가 돌아가시자 친척들은 아버지를 그리워하며, 하나같이 이 세상에 그런 사람 없다고 입을 모으며 안타까워했다.

아버지는 나에게 10원 한 장을 준석노 없고 남겨준 재산도 없지만 사랑을 하며 살아야하는 방법을 알려주셨고 정직하게 사는 것만이 인생을 승리 할수 있다는 정신유산을 남겨주셨다. 고생을 밥 먹듯이 하면서 원망이 없었다면 거짓말이다. 하지만 돈보다 정직을 주신 아버지께 감사하며 살고있다.

고린도전서 13장은 사랑에 대한 말씀이다.

우리는 그 글을 암기할 수는 있어도, 삶에서 적용하고 살기란 쉽지 않다. 사랑을 바탕으로 살지 않으면 어떤 위인도 훌륭한 사람도, 순교자도, 자신의 재산을 사회에 다 환원한다고 해도, 산을 옮길만한 믿음이 있어도, 하나님 아버지께서는 녹슨 문이 내는 삐걱거리는 소리에 불과하다고 하셨다.

사랑은

절대로 포기하지 않고

자기보다 다른 사람에게 더 마음을 쓰고

자기가 갖지 못 하는 것을 바라지 않고

뽐내지 않으며

자만하지 않으며

다른 사람에게 강요하지 않고

화내지 않으며

내가 먼저야 라고 말하지 않으며

죄를 꼬치꼬치 따지지 않으며

다른 사람이 비굴하게 굴 때 즐거워하지 않으며

진리가 꽃피는 것을 보고 기뻐하며

무슨 일이든지 참으며

하나님을 늘 신뢰하며

언제나 최선을 구하며

뒷걸음질 하지 않으며 끝까지 견딥니다.

사랑은 절대로 사라지지 않습니다.

나는 사위와 손녀들을 보면서 깨닫는 바가 많다. 사위는 직장에서 퇴근해 집에 돌아오면 완전히 기진맥진해있는데, 우리 손녀들은 아빠가 피곤한 것 따위는 전혀 상관이 없다. 그저 사위에게 매달려 목마를 태워달라고 조르며 매달린다. 덕분에 사위는 밥을 먹을 시간도 내기가 힘이 든다. 사위가 배가 고파 허겁지겁 밥을 먹을 때에도, 손녀들은 책을 읽어 달라, 이것을 해 달라, 저것을 해 달라 하며 요구사항이 많다.

이쯤되면 짜증이 날 법도 한데, 사위는 단 한 번도 거절하지 않고 그저 "아이고, 내 새끼"하며 그 모든 요구사항을 다 들어준다. 그런 모습을 보면서, 자식이라는 이유로 아빠한테 저렇게 당당할 수 있는 것일까 하고 놀란다.

하나님 아버지는 우리의 신앙이 어린아이 같아야 하며, 신령한 젖을 사모하라고 하셨다.

'그래 이것이다. 나에게는 우주만물, 생사화복, 생명의 근원이신 하나님 아버지가 계시지! 예수님 덕분에 우리가 하나님을 아빠라고 부를 수 있는 특권을 얻었지, 이 평범한 이 사실을 왜 몰랐을까?'

왜 나는 하나님을 천지를 지으시고, 무소불능 하신 분이라며 거창하게 기도를 시작했을까? 이제는 손녀들이 자기 아버지에게 하듯 나도 그렇게 당당하게 하나님 아버지에게 다가가고 싶은 용기가 생겼다. 그 덕분에 나를 더욱 사랑하시는 하나님 아버지를 만날 수 있었고, 아버지의 부드러운 손길을 피부로 느낄 수 있었다.

그전에는 하나님께 거창한 기도만 해야 하는 줄 알았다. 나는 어릴 때부터 자신을 챙기는 것에 능숙하지 못했다. 화장품이 떨어져도 선뜻 구입하지 못하고 샘플을 받아 사용하거나, 바닥이 날 때까지 쓰곤 한다.

'나는 왜 이렇게 나 자신에게 인색할까?'

나 스스로에게 화가 난다. 그런 생각을 하고 있는데, 며칠 후 지인이 나에게 화장품 한 세트를 선물해준 것을 받고 민망해졌다.

"하나님! 제가 아버지께 아무 소리도 내지 않고 생각만 했거든요."

하나님께서는 우리의 폐부를 아시고, 머리카락까지도 헤아리신다고 했다.

이제는 하나님과 동행한다는 것이 무엇인지 실감이 난다. 하나님 아버지의 사랑을 알고 나니 돌아가신 우리 아버지가 더욱 그리워진다. 비록 생물학적 생부는 아니라고 할지라도, 나에게 아버지는 오직 그 한 분 뿐이다. 그리운 아버지를 향해 편지를 써보았습니다.

하늘나라에 계신 아버지-

아버지! 저 화숙이에요

아버지가 살아계셨으면 93세가 되셨겠어요.

저는 올해 60세가 되었어요.

아버지께 이렇게라도 편지를 하지 않으면 너무도 가슴 아파 살수가 없을 것 같아요.

아버지는 젊은 나이 49세에 돌아가셨죠.

어린 저와 윤숙이를 두고 어찌 눈을 감으셨어요?

저는 윤숙이에게서 아버지의 친딸이 아니라는 그 소리를 듣는 순간 지구가 거꾸로 돌아가고 정말이지 살고 싶지가 않았어요. 그 순간은 하나님도 위로가 되지 않았어요.

아버지 돌아가신 후 중학교 2학년이 되던 해부터 낮에는 승강기 안내원으로, 밤에는 야간학교 다니면서 아버지 유언을 잘 지켰어요.

아버지 기억하세요? 저에게 하셨던 말씀?

"엄마한테 잘 해드려라. 내가 호강시켜주지 못한 것을 네가 해라. 너는 돈을 벌어서 네 엄마 옷도 사주어라."

그래서 저 월급날이면 봉투에 일원도 손대지 않고 고스란히 엄마한테 가져다 드렸어요. 제가 시집갈 때는 가난한 남자에게 간다는 이유로 숟가락 하나 해주지 않으시고 저를 내쫓듯 보내셔서 마음이 많이 아팠어요.

제가 아버지 말씀에 거역한 적이 없었잖아요.

아버지가 제 정신적 지주셨고, 고생을 해도 아버지 같은 분에게서 태어난 것이 큰 자부심이었기에 윤숙이에게서 출생의 비밀을 들었을 때 그 충격은 이루 말로 할 수가 없었어요. 더군다나 아버지와 가장 친한 친구의 딸이라는 사실에 저는 이 세상에서 살아야 할 이유를 찾지 못했어요. 가인의 죄의 무게를 견디어 보지 않은 사람은 알 수가 없을 거예요.

아버지가 돌아가시기 전에 저에게 생전 들지 않던 매를 드시고, 윤숙이만 아버지 방에 들어오게 해서 아버지 붓글씨에 쓸 먹물을 갈게 하셨죠. 제가 아버지 방에 들어가고 싶어서 방문 앞을 기웃거려도 아버지는 저를 모른 척 하셨어요. 갑자기 변한 아버지를 보며 제 상실감과 상처가 얼마나 컸는지 아세요?

아버지는 붓글씨로 '나를 잊지 마세요' '물망초의 시', '인내는 쓰나. 그 열매는 달다', 아버지 성함 '이용재' 등을 써서 벽에 붙여 놓으셨죠.

출생의 비밀을 알게 된 후 엄마에게 물어서 아버지 친구한테 찾아 갔어요. 아버지가 저에게 "너는 찾아가라"고 수수께끼 같은 유언을 하셨잖아요.

그 친구 분을 보는 순간 저는 모든 것을 알 수가 있었답니다.

제 눈썹과 아버지 친구의 눈썹이 너무도 닮아 있더군요. 그래도 믿을 수가 없어서 저는 손과 발도 비교해 보았어요. 정말 많이 닮아 있었어요.

제가 그 분께 아버지 성함을 말하며, 딸이라 했더니 아버지 이름을 부르시면서 펑펑 우시더군요. 저는 일부러 엄마 이름까지 아시냐고 물었고, 그 분은 '알지~'라고 답하고는 한참을 더 펑펑 우셨어요.

그분은 병들어 있었고, 저는 그 부인과 자식들을 생각해서 내가 당신 딸이요라고 말하지 않았어요. DNA 검사도 하고 싶지 않았어요. 아무리 제 생물학적 친부라고 할지라도, 내 삶과 뼈 속에 오직 아버지만이 자리를 잡고 있기에 생물학적 아버지하고 나는 아무런 상관이 없더라구요. 저는 그제야 아버지가 술로 세월을 사신 그 이유를 알았습니다. 너무나 잘 생기셨고, 성품이 좋으셨으며, 학식이 많으셨던 아버지가 아까운 삶을 술로 달랠 수밖에 없었던 그 이유가 저에게는 한으로 남아있어요. 아버지를 생각하면 지금도 흐느껴 웁니다.

이용재 아버지!

제 생물학적 아버지를 용서해주세요. 제가 아버지 은혜를 갚는 길은 아버지가 가르쳐주셨던 그 사랑과 정직으로 제 삶을 사는 것이에요. 윤숙이는 염려하지 마세요. 의좋게 잘 지내고 있어요.

아버지, 저를 이렇게 길러 주셔서 감사합니다.

천국에서 뵐게요

아버지의 딸 이화숙 올림

세상에는 정직을 바탕으로 사는 사람과 거짓과 탐욕으로 사는 사람 두 부류가 있다. 우리 사회가 거짓의 뿌리를 내릴 때, 그 싹이 자라서 부정부패를 비롯한 여러 건전하지 못한 사건 사고를 일으킨다. 정직한 사람들이 사회에서 꿈을 펼치지 못하면 억울함과 원통함을 호소할 때가 있다. 정직한 사람은 농부의 마음으로 콩 심은데 콩이

나고 팥 심은데 팥을 거두는 그런 성실함으로 살아간다.

"악인이 칼을 빼고, 활을 당겨 가난하고 궁핍한 자를 엎드러뜨리며, 행위가 정직한 자를 죽이고자 하나 그들의 칼은 오히려 그들의 양심을 찌르고 그들의 활은 부러지리로다"(시편 37:14)

정직은 최고의 정책이다. 이 문구를 생각하면 떠오르는 사람이 있다.

미국의 16대 대통령으로 남북전쟁을 승리로 이끈 1863년 노예해방을 선언한 에이브러햄 링컨(Abraham Lincoln)이다. 링컨은 국민의 국민에 의한 국민을 위한 정치를 했다. 링컨하면 정직이 그의 상징이다. 링컨의 일생은 거짓과 싸우는 투쟁하는 삶을 살았기에 역사 속에 영원히 우리의 가슴속에 살아 있는 것이다.

대한민국의 목표는 부강한 나라가 되는 것이다. 목표가 있으면 과정도 매우 중요하다. 대한민국은 한강의 기적이니, 급성장이니, 빨리빨리 문화 속에서 성장한 것을 부인할 수 없다. 그 과정에서 우리는 많은 귀한 생명을 잃었다. 자세히 이야기하지 않아도 우리나라 국민들은 다 알고 있는 사실이다. 세상에서 가장 중요한 것이 생명인데, 잃은 생명이 자신의 가족이 아니라고, 내가 아니라 다행이라고, 자신과 상관없는 먼 나라 이야기라고 하는 생각은 버려야 한다.

이쯤에서 잠시 멈추어 서서, 우리사회가 무엇이 잘못되었는지 바로 잡고 다시 갈 길을 가야만 한다. 이제는 '빨리빨리' 문화에서 조금 더디더라도 천천히 가는 문화로 바꿔가야 하지 않을까? 결과도 중요하지만 과정을 더 중요하게 생각하는 새로운 문화의 꽃을 피워야한다. 내가 부르짖고 싶은 것은 지금부터라도 거짓된 허상의 삶이 아니라 진실하고 정직한 삶을 사는 사회로 만들자는 취지이다. 더 이상은 인재로 인하여 귀한 생명을 잃게 하지 말아야 할 것이다.

우리 국민성이 너무 착해서일까?

우리나라가 이런 모습으로 흘러가도록 마냥 놔두는 것이 나는 너무 괴롭다. 거짓은 용납되지 않는 사회를 만들어서, 후손들이 대한민국에 태어난 것에 자부심과 행복함을 느끼게 해주고 싶다. 이 세상에 불가능이란 없지 않는가. 반드시 뜻이 있는 곳에 길이 있다. 다만 도전하지 않을 뿐이다. 예수께서 하신 말씀이 있다.

"너희는 담대하라 내가 세상을 이겼노라"(요한복음 16:33)

모세의 후계자 여호수아에게 하신 말씀이 무엇인가?

"강하고 담대하라"는 것이었다. 결국 여호수아와 갈렙의 담대한 믿음이 이스라엘 백성을 젖과 꿀이 흐르는 가나안 땅으로 들어갈 수 있도록 했다. 우리는 왜 대한민국이라는 나라를 어렵고 힘들게 만들어 가고 있는 것일까? 복잡하게 생각하면 복잡해지는 것이고, 단순하게 생각하면 단순해진다.

사람은 정직하게 살지 않으면 선한열매를 맺을 수 없다.

"악을 행하는 자들 때문에 불평하지 말며 불의를 행하는 자들을 시기하지 말라. 그들은 풀과 같이 속히 베임을 당할 것이며 푸른 채소같이 쇠잔 할 것이다. 여호와를 의뢰하고 선을 행하라. 땅에 머무는 동안 그의 성실을 먹을거리로 삼을 지어다"(시편 37:1-3)

또 정직은 최고의 상술이라고 했다.

사람은 먹고 사는 것이 큰 문제이다. 먹지 않으면 살수가 없기에, 경제는 살아가는 데 민감하게 와 닿는 분야이다. 경영인과 근로자의 관계에서 정직은 절실하다. 재화와 용역을 생산, 분배, 소비하는 모든 활동이 경제활동이다.

21세기 태평양시대를 맞이하여 정치는 정직하게 해야 하며, 경영인은 청지기 사상위에 경영을 해야한다. 정치와 경제는 분야가 다르기 때문에 각각 독립이 필요하다. 때문에 결탁과 같은 류의 단어가 있어야 할 이유가 없다.

기업이 한 순간 무너지는 것을 볼 때 너무 기가 막히다. 대기업은 대기업대로 중소기업은 중소기업대로 영세업자, 하청업자, 생산직 공장들이 서로 균형을 잡아야 하지 않겠는가? 예를 들면 대형마트와 재래시장, 동네구멍가게가 서로 조화를 이루어 살아가야한다. 대형마트가 생겨 시민들이 편리하기도 하지만 그 주위에 있는 재래시장, 동네가게 1등 서민들의 생활터전이 사라지는 것도 생각해야만 한다. 서민들은 생활터전을 잃어버리면 회복하기가 너무 힘이 든다. 이것은 사회문제가 되고 경제의 악순환으로 이어진다.

나의 삶 나의 사명

이제야 하나님이 나에게 주신 사명이 무엇인지 확실히 깨달았다.

모든 사물을 어느 각도에서 보느냐에 따라 달라지듯, 나는 하나님의 눈으로 우리나라를 보는 믿음이 생겼다. 내 사명은 '동방의 등불 대한민국'을 만드는 것이다.

유대인들의 정신의 축이 탈무드라면 대한민국은 성경이 나침반이 되어야 한다고 생각한다. 수학에는 공식이 있고, 지구상에 살고 있는 우리 삶에도 공식이 있다. 그 공식은 사랑과 정직이다. 냉정하게 우리나라의 현실을 보면 우상과 이단과 돈으로 가득 차 있다. 한 형제임에도 불구하고 서로 총을 겨누고 있는 휴전선 철조망이 있으며 이웃을 내 몸 같이 사랑하며 살아가야 하는 이웃나라 일본도 있다. 대한민국의 경제는 유럽국가 뒤지지 않는 성장을 했건만 영혼은 황폐된 상태이다. 지도자와 백성, 스승과 제자, 기업인과 근로자, 부모와 자식의 관계가 무너지고 북한은 적화통일이라는 제2의 6.25사변을 꿈꾸고 있다. 그들은 총과 핵무기로 통일을 이루고자 꿈을 꾸지만 사랑의 원자탄은 이기지 못할것이다. 사랑과 선의 본체이신 하나님이 주인이시다. 우리는 우주 속에 먼지에 불과한 행성, 지구라는 별에 살고 있는 존재에 불과하다.

나는 지식이 없이 우리나라 오천년 역사에 대해 다 기재할 수는 없지만 분명한 것은 우리나라에 기독교복음이 들어온 지 1세기를 넘어 2세기에 접어 들었다. 서양 사람들을 통해 귀한 복음의 씨가 조국에 뿌려졌는데 그 열매를 언젠가는 거두리라 믿고 있다. 하나님께서 유럽이나 남북 아메리카의 각 나라에 먼저 사명을 주셨고 이제는 동양의 빛 대한민국에 사명을 주신 것이다.

대한민국은 선택의 여지가 없는 하나님의 사명(calling) 앞에 순응해야 하는 운명의 나라이다.

하나님 역사의 시간표는 석양에 서 있다. 이스라엘이 알파의 역사라면 대한민국은 오메가의 역사이다. 천지가 없어져도 성경의 말씀은 일점일획이라도 사라지지 않고 그대로 이루어질 것이다.

"너는 나 외에는 다른 신들을 네게 두지 말라 너를 위하여 새긴 우상을 만들지 말고 또 위로 하늘에 있는 것이나 아래로 땅에 있는 것이나 땅 아래 물속에 있는 것의 어떤 형상도 만들지 말며 그것들에게 절하지 말며 그것들을 섬기지 말라"(출애굽기 20:3)

모세를 통해 주신 십계명의 첫 번째이다. 하나님이 인간이 지킬 수 없는 계명을 주실 리가 없다.

동방의 등불 대한민국이 되기 위하여 먼저 북한과 남한이 풀어야 할 통일의 문제가 있지만 일본과의 감정도 깊은 골이 있다. 이웃을 사랑하고 원수를 미워하지 말라는 하나님의 명령도 있다.

나는 이 숙제를 풀기 위해 일본을 방문했다. 나는 우리나라가 일본으로부터 억압을 당하던 시대에 살지 않았기에 그저 책을 통해 그들의 행악을 간접적으로 접할 뿐이었다.

내가 방문했던 곳은 일본 큐슈라는 도시였는데, 예수천당, 불신지옥 이라는 노방전도에서 볼 수 있는 지옥이라는 단어가 연상됐다. 땅은 곳곳에서 흙탕물이 펄펄 끓어 계란을 넣으면 10분이면 삶아져 나온다고했다. 산 곳곳에는 언제 화산이 활동할지 모를 연기가 계속 올라오고 있었고 화산이 활동한곳에는 산이 거의 벌거숭이었다.

멀게만 느껴지던 일본이었는데, 그러나 일본 젊은이들이 한국 아이돌을 얼마나 사랑하는지 백화점에서 우리나라 아이돌 가수 사인회가 있다고 하자 젊은 남녀들이 곱게 꾸미고 몇 시간씩 자리를 깔고 거울을 보면서 기다리는 것을 보며 여러 가지 만감이 교차했다.

기성세대들이 이 젊은 세대를 위해 한 · 일간 역사의 앙금을 어떻게 풀어주고 가야하나 싶어 마음이 무겁기도 하고 젊은이들의 열정이 재미있기도 했다. 한 영혼이 온 천하보다 귀한데 초등학생들이 천진난만하게 서로 손을 잡고 걸어가는 모습을 보며 이 아이들이 이런 앙금과 무슨 관계가 있겠나 싶었다.

"하나님 한.일 관계 문제를 어떻게 풀어야 되나요?"

그때 문득 손양원 목사님이 생각났다.

손양원 목사님은 친아들을 살해한 자를 양아들로 삼고 죽음보다 강한 사랑을 실천하여 살인자를 회개시켰다. 원수를 안을 수 있는 것은 사랑의 힘이다. 역사의 주관자는 하나님이시다. 누군가 왜곡한다고 해서 달라지는 것은 아니다. 우리는 하나님의 말씀을 한일관계에서도 실천해야 한다. 죽기 전에 이 숙제를 후손까지 물려주어야 할 이유가 없다. 마음은 낮은 곳으로 임하며 영혼은 천상의 도시 성전을 향하여 가야 한다.

이 세상은 넓은 문, 좁은 문, 멸망으로 가는 길, 구원으로 가는 길 모든 선택은 본인 자신이 결정하는 것으로 그 선택에 대한 책임은 분명 우리에게 있다. 예수님이 인류의 역사 속에 오신 것은 율법을 폐하여 오신 것이 아니라 완성하려 오신 것이다. 하나님을 사랑하고 이웃을 내 몸과 같이 사랑하는 것을 실천해야 한다.

나는 동방의 등불 대한민국이 될 수 있는 길을 알고 있다. 지난 세월 하나님 앞에서 아무것도 해 놓은 것은 없지만 하나님은 나에게 인내와 사랑하는 방법 그리고 정직을 가르쳐주었기 때문이다.

"나는 비천에 처 할 줄도 알고 풍부에 처할 줄도 알아 모든일 곧 배부름과 배고픔과 풍부와 궁핍에도 처 할 줄 아는 일체의 비결을 배웠노라 내게 능력 주시는 자 안에서 내가 모든 것을 할 수 있느니라"(빌립보서 4:12)

나는 현재 김동길 박사님이 운영하는 태평양시대위원회 간사로 일을 하고 있다. 태평양시대위원회의 키워드인 통일된 조국이 되기 위해 통일의 문 빗장을 열 것이다. 삶의 안내서이기 때문에 성경은 인간사 모든 해결책인 Key가 있다. 성경의 원리대로 행해 반석위에 세운 집을 건설할 수 있다.

우리는 21세기 태평앙시대에 살고 있다.

고대의 대 제국주의 앗수르, 바벨론, 페르시아, 헬라, 로마 제국들이 하나님의 종들을 통해 어떻게 멸망 됐는지 우리는 성경을 통해 잘 알고 있다. 사람의 영혼이 여호와 하나님의 등불이다. 의인의 빛은 환하게 빛나고 악인의 등불은 꺼지게 마련이다. 아시아 등불이 곧 복음의 등불로써 열방을 향하여 빛을 발하는 것이 대한민국 미션이다. 대한민국은 하나님이 마지막 때에 쓰시려고 지켜온 땅이라고 믿는다.

이스라엘은 믿음의 장자로써 하나님 역사의 시간표이다. 그 증거가 이사야 66장 7,8절 말씀이다.

"진통이 오기전에 아기를 낳았다 산고를 겪기도 전에 아들을 낳았다 이런 일을 들어 본적이 있느냐 이런 일을 본 사람이 있느냐 하루 만에 나라가 태어 날 수 있느냐, 눈 깜짝 할 사이에 민족이 태어 날 수 있느냐"

이사야 선지자 예언대로 이스라엘은 2천년 동안 나라 없는 설움에서 1948년 5월18일 이스라엘이라는 나라가 재건되었다. 하나님의 프로젝트는 인류의 구원이며 에덴동산의 온전한 회복이다. 하나님 마음이 요한복음 3장16절에 그대로 드러나 있다.

"하나님이 세상을 지극히 사랑하사 독생자를 주셨으니 한사람도 멸망치 않고 영원한 생명을 주는 것"이다.

예수님은 역사의 주인공으로 인류에 오셨다. 요한계시록은 하나님이 역사의 막을 내리기전에 우리에게 알려주시는 메시지이므로 더하지도 빼어서도 안 되는 예수님만 풀 수 있는 역사의 마지막 두루마리이다.

우리는 성령이 교회들에게 하시는 말씀에 귀를 기울이고 예수의 복음, 예언의 말씀을 듣고 지키는 행함이 있는 성도가 되어야 한다.

나는 대한민국 순교자의 피와 주님의 보혈로 사신 제단인 교회를 통하여 대한민국이라는 나라가 인류의 역사에 한 획을 그을 것이라고 믿는 사람이다.

형제를 사랑하지 않고 보이지 않는 하나님을 어찌 사랑 할 수 있을까? 친구의 딸인 나를 길러주신 아버지가 나에게 뼛속까지 사랑과 정직을 심어 주셨다. 나에게 원수는 하나님을 끝까지 왜곡 시키는 거짓의 아비 사탄이다.

사실 용서라는 글을 쓰면서 영혼 깊은 곳에 걸리는 한 사람은 나를 낳아 준 엄마였다. 나는 엄마를 용서함으로 기쁨을 맛보았다. 유창한 말도 천사처럼 황홀한 말도 재산을 가난한 사람들에게 다 주고 순교자처럼 자신의 몸을 불살라도 사랑이 없으면 아무것도 아님을 깨닫는 순간이었다.

나는 천국의 안내자! 이 한 몸 남은 생을 주님과 조국에 바치는 것을 기쁨으로 삼고 주님의 손목을 굳게 잡고 가기로 다짐한 사람이다. 지구상에 있는 모든 나라, 민족들은 하나님 앞에 한조각 퍼즐이고 만왕의 왕은 한분 예수님 뿐이다. 다만 통치자이신 하나님께서 질서 가운데 인류를 다스려야 하시기에 대통령도 세우시고 나라의 대표 지도자들도 세우는 것이지 이것을 이용하여 권력을 함부로 사용하라는 것은 아니라고 생각한다. 권력을 악용하는 배후에는 거짓의 아비 흑암의 세력 루시퍼가 있다. 이 세상은 선과 악의 싸움터다. 다만 선의 본체이신 하나님의 축으로 사느냐, 돈을 사랑하는 악의 축으로 사느냐일 뿐이다.

하나님은 우리나라의 살 길을 말씀하시며 나에게 미션을 주셨다.

40년 가까운 세월 동안 나를 풀무 속에서 정금 같은 믿음으로 나오게 하셨다.

믿음은 바라는 것들의 실상이다. 동방의 빛 코리아가 되는 그 날까지 나는 믿음으로 전진 할 것이다.

그러나 21세기에 대한민국이라는 공동체로 사는 한민족인 우리가.

"아! 나는 대한민국에 태어난 사실만으로도 감사할 수 있다"는 희망의 나라로 후손들에게 남기는데 한 역할을 하고싶다. 사람들은 대한민국 사회전체, 정치, 경제, 교육, 패러다임을 과감히 바꾸지 않으면 희망이 없다고 한다. 우리는 이 곳에 예수님의 정신을 심어야한다. 예수님은 인간의 삶의 최상의 모델이시기 때문이다.

나는 바로 그 일을 할 것이다. 그 일을 위해 주님은 나의 삶을 이곳까지 이끌어 오셨다고 믿는다.

코리아가 동방의 빛이 될 날을 기대하며...

갚을길 없는 은혜

우리를 존귀한 자로 만드시는 하나님 이야기!

수원역전, 구두닦이 소년이 하나님을 믿었다.
지금은- 인생역전, 세계를 다니며
하나님의 큰 일을 하고 있다!
제4대 한국독립교회 및 선교단체연합회 회장
/AWANA KOREA 총재

송용필(John Song) 목사의 라이프 스토리!

상업고등학교, 노조위원장 출신으로 기업은행 부행장이었던
민들레포럼 유희태 대표의 꿈/소통/성취 이야기!

마음에 꿈을 크게 그려라

이성, 감성, 지성, 인성,
영성의 5성급 리더!
자산 재테크, 인생 재테크 전문가!
기업은행 최고의 영업통이었던
유희태 대표에게서 듣는
열정적/도전적/희망적 메시지!

모든 것 위에 계신 하나님

기도하면 허리케인도 물리쳐 주시는 하나님 이야기

25년 전 도미니카에 파송된 그를
8교회 개척부흥/명문학교 설립케 하고
도미니카 국가공인 기도군대 대장으로
허리케인과 맞서 물리치기까지
하나님과 함께 한 놀라운 영적 체험기!

최광규 선교사 지음

위대한 모험

이천휘 목사의 목회 열熱전傳!

신학생 때부터 개척교회만 두 번!
교회를 부흥시킨 열정으로
복음을 갈급해하는 단 한 영혼을 향해
중국 삼자교회와 함께 북방 대륙 선교도 하는
이천휘 목사의 개척/소명/목회/선교/비전!

망망한 바다 한가운데서 배 한 척이 침몰하게 되었습니다.
모두들 구명보트에 옮겨 탔지만 한 사람이 보이지 않았습니다.
절박한 표정으로 안절부절 못하던 성난 무리 앞에 급히 달려 나온 그 선원이
꼭 쥐고 있던 손바닥을 펴 보이며 말했습니다.
"모두들 나침반을 잊고 나왔기에 … "
분명, 나침반이 없었다면 그들은 끝없이 바다 위를 표류할 수밖에 없을 것입니다.

삶의 바다를 항해하는 모든 이들을 위하여 우리는 그 나침반의 역할을 하고 싶습니다.
우리를 구원하신 위대한 주 예수 그리스도를 널리 전하고 싶습니다.

"하나님은 모든 사람이 구원을 받으며 진리를 아는 데에 이르기를 원하시느니라"
(디모데전서 2장 4절)

동방의 빛 코리아

지은이 | 이화숙
발행인 | 김용호
편 집 | 강안나
발행처 | 나침반출판사

1판 발행 | 2015년 9월 1일

등 록 | 1980년 3월 18일 / 제 2-32호
주 소 | 157-861 서울 강서구 염창동 240-21
        블루나인 비즈니스센터 B동 1607호
전 화 | 본 사(02)2279-6321
        영업부(031)932-3205
팩 스 | 본 사(02)2275-6003
        영업부(031)932-3207

홈페이지 | www.nabook.net
이 메 일 | nabook@korea.com
         nabook@nabook.net

ISBN 978-89-318-1501-6
책번호 가-9048

값은 뒷표지에 있습니다.